OEUVRES
DE
J.-B. POQUELIN
DE MOLIÈRE.

TOME SIXIÈME.

PARIS
FELIX LOCQUIN, IMPRIMEUR,
16, RUE NOTRE-DAME DES VICTOIRES.

1843

OEUVRES

DE

MOLIÈRE.

Imprimerie de F. LOCQUIN, 16, rue N.-D. des Victoires.

OEUVRES

DE

J.-B. POQUELIN

DE MOLIERE

TOME SIXIÈME.

PARIS
FELIX LOCQUIN, IMPRIMEUR,
16, RUE NOTRE-DAME DES VICTOIRES, PRÈS LA BOURS

1842

L'AVARE,

COMÉDIE EN CINQ ACTES.

1667.

PERSONNAGES.

HARPAGON, père de Cléante et d'Elise, et amoureux de Mariane.
ANSELME, père de Valère et de Mariane.
CLEANTE, fils d'Harpagon, amant de Mariane.
ELISE, fille d'Harpagon, amante de Valère.
VALERE, fils d'Anselme, et amant d'Elise.
MARIANE, fille d'Anselme, amante de Cléante, et aimée d'Harpagon.
FROSINE, femme d'intrigue.
MAITRE SIMON, courtier.
MAITRE JACQUES, cuisinier et cocher d'Harpagon.
LA FLECHE, valet de Cléante.
DAME CLAUDE, servante d'Harpagon.
BRINDAVOINE, } laquais d'Harpagon.
LA MERLUCHE, }
UN COMMISSAIRE.

La scène est à Paris, dans la maison d'Harpagon.

L'AVARE.

ACTE PREMIER.

SCÈNE PREMIÈRE.

VALÈRE, ÉLISE.

VALÈRE.

Hé quoi! charmante Élise, vous devenez mélancolique, après les obligeantes assurances que vous avez eu la bonté de me donner de votre foi! Je vous vois soupirer, hélas! au milieu de ma joie! Est-ce du regret, dites-moi, de m'avoir fait heureux? et vous repentez-vous de cet engagement où mes feux ont pu vous contraindre?

ÉLISE.

Non, Valère, je ne puis pas me repentir de tout ce que je fais pour vous. Je m'y sens entraîner par une trop douce puissance, et je n'ai pas même la force de souhaiter que les choses ne fussent pas. Mais, à vous dire vrai, le succès me donne de l'inquiétude; et je crains fort de vous aimer un peu plus que je ne devrais.

VALÈRE.

Hé! que pouvez-vous craindre, Elise, dans les bontés que vous avez pour moi?

ÉLISE.

Hélas! cent choses à la fois: l'emportement d'un père, les reproches d'une famille, les censures du monde, mais plus que tout, Valère, le changement de votre cœur, et cette froideur criminelle dont ceux de votre sexe paient le plus souvent les témoignages trop ardents d'un innocent amour.

VALÈRE.

Ah! ne me faites pas ce tort de juger de moi par les autres! Soupçonnez-moi de tout, Élise, plutôt que de manquer à ce que je vous dois. Je vous aime trop pour cela, et mon amour pour vous durera autant que ma vie.

ÉLISE.

Ah! Valère, chacun tient les mêmes discours! Tous les hommes sont semblables par les paroles, et ce n'est que les actions qui les découvrent différents.

VALÈRE.

Puisque les seules actions font connaître ce que nous sommes, attendez donc, au moins, à juger de mon cœur par elles, et ne me cherchez point des crimes dans les injustes craintes d'une fâcheuse prévoyance. Ne m'assassinez point, je vous prie, par les sensibles coups d'un soupçon outrageux; et donnez-moi le temps de vous convaincre, par mille et mille preuves, de l'honnêté de mes feux.

ÉLISE.

Hélas! qu'avec facilité on se laisse persuader par les personnes que l'on aime! Oui, Valère, je tiens votre cœur incapable de m'abuser. Je crois que vous m'aimez d'un véritable amour, et que vous me serez fidèle; je n'en veux point du tout douter, et je retranche mon chagrin aux appréhensions du blâme qu'on pourra me donner.

VALÈRE.

Mais pourquoi cette inquiétude?

ÉLISE.

Je n'aurais rien à craindre, si tout le monde vous voyait des yeux dont je vous vois; et je trouve en votre personne de quoi avoir raison aux choses que je fais pour vous. Mon cœur, pour sa défense, a tout votre mérite, appuyé du secours d'une reconnaissance où le ciel m'engage envers vous. Je me représente, à toute heure, ce péril étonnant qui commença de nous offrir aux regards l'un de l'autre, cette générosité surprenante, qui vous fit risquer votre vie pour dérober la mienne à la fureur des ondes, ce soins pleins de tendresse que vous me fîtes éclater après m'avoir tirée de l'eau, et les hommages assidus de cet ardent amour que ni le temps ni les difficultés n'ont rebuté, et qui, vous faisant négliger et parents et patrie, arrête vos pas en ces lieux, y tient en ma faveur votre fortune déguisée, et vous a réduit, pour me voir, à vous revêtir de l'emploi de domestique de mon père. Tout cela fait chez moi, sans doute, un merveilleux effet; et c'en est assez, à mes yeux, pour me justifier l'engagement où j'ai pu consentir : mais ce n'est pas assez, peut-être, pour le justifier aux autres, et je ne suis pas sûre qu'on entre dans mes sentiments.

VALÈRE.

De tout ce que vous avez dit, ce n'est que par mon seul amour que je prétends, auprès de vous, mériter quelque chose : et, quant aux scrupules que vous avez, votre père lui-même ne prend que trop de soin de vous justifier à tout le monde; et l'excès de son avarice, et la manière austère dont il vit avec ses enfants, pourraient autoriser des choses plus étranges. Pardonnez-moi, charmante Élise, si j'en parle ainsi devant vous. Vous savez que, sur ce chapitre, on n'en peut pas dire de bien. Mais enfin si je puis, comme je l'espère, retrouver mes parents, nous n'aurons pas beaucoup de peine à nous le rendre favorable. J'en attends des nouvelles avec impatience; et j'en irai chercher moi-même si elles tardent à venir.

ÉLISE.

Ah! Valère, ne bougez pas d'ici, je vous prie, et songez seulement à vous bien mettre dans l'esprit de mon père.

VALÈRE.

Vous voyez comme je m'y prends, et les adroites complaisances qu'il m'a fallu mettre en usage pour m'introduire à son service; sous quel masque de sympathie et de rapports de sentiments je me déguise pour lui plaire, et quel personnage je joue tous les jours avec lui afin d'acquérir sa tendresse. J'y fais des progrès admirables ; et j'éprouve que, pour gagner les hommes, il n'est point de meilleure voie que de se parer, à leurs yeux, de leurs inclinations, que de donner dans leurs maximes, encenser leurs défauts, et applaudir à ce qu'ils font. On n'a que faire d'avoir peur de trop charger la complaisance, et la manière dont on les joue a beau être visible, les plus fins sont toujours de grandes dupes du côté de la flatterie ; et il n'y a rien de si impertinent et de si ridicule, qu'on ne fasse avaler, lorsqu'on l'assaisonne en louanges. La sincérité souffre un peu au métier que je fais : mais, quand on a besoin des hommes, il faut bien s'ajuster à eux ; et, puisqu'on ne saurait les gagner que par-là, ce n'est pas la faute de ceux qui flattent, mais de ceux qui veulent être flattés.

ÉLISE.

Mais que ne tâchez-vous aussi à gagner l'appui de mon frère, en cas que la servante s'avisât de révéler notre secret ?

VALÈRE.

On ne peut pas ménager l'un et l'autre ; et l'esprit du père et celui du fils sont des choses si opposées, qu'il est difficile d'accommoder ces deux confidences ensemble. Mais vous, de votre part, agissez auprès de votre frère, et servez-vous de l'amitié qui est entre vous deux, pour le jeter dans nos intérêts. Il vient. Je me retire. Prenez ce temps pour lui parler, et ne lui découvrez de notre affaire que ce que vous jugerez à propos.

ÉLISE.

Je ne sais si j'aurai la force de lui faire cette confidence.

SCENE II.

CLÉANTE, ÉLISE.

CLÉANTE.

Je suis bien aise de vous trouver seule, ma sœur et je brûlais de vous parler, pour m'ouvrir à vou d'un secret.

ÉLISE.

Me voilà prête à vous ouïr, mon frère. Qu'avez-vous à me dire?

CLÉANTE.

Bien des choses, ma sœur, enveloppées dans un mot. J'aime.

ÉLISE.

Vous aimez?

CLÉANTE.

Oui, j'aime. Mais, avant que d'aller plus loin, je sais que je dépends d'un père, et que le nom de fils me soumet à ses volontés; que nous ne devons point engager notre foi sans le consentement de ceux dont nous tenons le jour; que le ciel les a faits les maîtres de nos vœux, et qu'il nous est enjoint de n'en disposer que par leur conduite; que, n'étant prévenus d'aucune folle ardeur, ils sont en état de se tromper bien moins que nous, et de voir beaucoup mieux ce qui nous est propre; qu'il en faut plutôt croire les lumières de leur prudence que l'aveuglement de notre passion; et que l'emportement de la jeunesse nous entraîne le plus souvent dans des précipices fâcheux. Je vous dis tout cela, ma sœur, afin que vous ne vous donniez pas la peine de me le dire; car enfin mon amour ne veut rien écouter, et je vous prie de ne me point faire de remontrances.

ÉLISE.

Vous êtes-vous engagé, mon frère, avec celle que vous aimez?

CLÉANTE.

Non; mais j'y suis résolu, et je vous conjure, encore une fois, de ne me point apporter de raisons pour m'en dissuader.

ÉLISE.

Suis-je, mon frère, une si étrange personne?

CLÉANTE.

Non, ma sœur; mais vous n'aimez pas. Vous ignorez la douce violence qu'un tendre amour fait sur nos cœurs, et j'appréhende votre sagesse.

ÉLISE.

Hélas! mon frère, ne parlons point de ma sagesse. Il n'est personne qui n'en manque, du moins une fois en sa vie; et, si je vous ouvre mon cœur, peut-être serai-je à vos yeux bien moins sage que vous.

CLÉANTE.

Ah! plût au ciel que votre ame, comme la mienne...

ÉLISE.

Finissons auparavant votre affaire, et me dites qui est celle que vous aimez.

CLÉANTE.

Une jeune personne qui loge depuis peu en ces quartiers, et qui semble être faite pour donner de l'amour à tous ceux qui la voient. La nature, ma sœur, n'a rien formé de plus aimable, et je me sentis transporté dès le moment que je la vis. Elle se nomme Mariane, et vit sous la conduite d'une bonne femme de mère qui est presque toujours malade, et pour qui cette aimable fille a des sentiments d'amitié qui ne sont pas imaginables. Elle la sert, la plaint, et la console, avec une tendresse qui vous toucherait l'ame. Elle se prend d'un air le plus charmant du monde aux choses qu'elle fait; et l'on voit briller mille graces en toutes ses actions, une douceur pleine d'attraits, une bonté tout engageante, une honnêteté adorable, une... Ah! ma sœur, je voudrais que vous l'eussiez vue!

ÉLISE.

J'en vois beaucoup, mon frère, dans les choses que vous me dites; et, pour comprendre ce qu'elle est, il me suffit que vous l'aimez.

CLÉANTE.

J'ai découvert sous main qu'elles ne sont pas fort accommodées, et que leur discrète conduite a de la peine à étendre à tous leurs besoins le bien qu'elles peuvent avoir. Figurez-vous, ma sœur, quelle joie ce peut-être que de relever la fortune d'une personne que l'on aime, que de donner adroitement quelques petits secours aux modestes nécessités d'une vertueuse famille; et concevez quel déplaisir ce m'est de voir que, par l'avarice d'un père, je sois dans l'impuissance de goûter cette joie, et de faire éclater à cette belle aucun témoignage de mon amour.

ÉLISE.

Oui, je conçois assez, mon frère, quel doit être votre chagrin.

CLÉANTE.

Ah ! ma sœur, il est plus grand qu'on ne peut croire. Car enfin, peut-on rien voir de plus cruel que cette rigoureuse épargne qu'on exerce sur nous, que cette sécheresse étrange où l'on nous fait languir? Hé ! que nous servira d'avoir du bien, s'il ne nous vient que dans le temps que nous ne serons plus dans le bel âge d'en jouir, et si, pour m'entretenir même, il faut que maintenant je m'engage de tous côtés; si je suis réduit avec vous à chercher tous les jours le secours des marchands pour avoir moyen de porter des habits raisonnables? Enfin, j'ai voulu vous parler pour m'aider à sonder mon père sur les sentiments où je suis; et si je l'y trouve contraire, j'ai résolu d'aller en d'autres lieux, avec cette aimable personne, jouir de la fortune que le ciel voudra nous offrir. Je fais chercher partout, pour ce dessein, de l'argent à emprunter; et si vos affaires, ma sœur, sont semblables aux miennes, et qu'il faille que notre père s'oppose à nos désirs, nous le quitterons là tous deux, et nous affranchirons de cette tyrannie où nous tient, depuis si longtemps, son avarice insupportable.

ÉLISE.

Il est bien vrai que tous les jours il nous donne de plus en plus sujet de regretter la mort de notre mère, et que. .

CLÉANTHE.

J'entends sa voix; éloignons-nous un peu pour achever notre confidence; et nous joindrons après nos forces pour venir attaquer la dureté de son humeur.

SCÈNE III.

HARPAGON, LA FLÈCHE.

HARPAGON.

Hors d'ici tout à l'heure, et qu'on ne réplique pas. Allons, que l'on détale de chez moi, maître juré filou, vrai gibier de potence.

LA FLÈCHE, *à part.*

Je n'ai jamais rien vu de si méchant que ce maudit vieillard ; et je pense, sauf correction, qu'il a le diable au corps.

HARPAGON.

Tu murmures entre tes dents?

LA FLÈCHE.

Pourquoi me chassez-vous?

HARPAGON.

C'est bien à toi, pendard, à me demander des raisons ! Sors vite que je ne t'assomme.

LA FLÈCHE.

Qu'est-ce que je vous ai fait?

HARPAGON.

Tu m'as fait que je veux que tu sortes.

LA FLÈCHE.

Mon maître, votre fils, m'a donné ordre de l'attendre.

HARPAGON.

Va-t'en l'attendre dans la rue, et ne sois point dans ma maison, planté tout droit comme un piquet, à observer ce qui se passe, et faire ton profit de tout. Je ne veux point voir sans cesse devant moi un espion de mes affaires, un traître, dont les yeux maudits assiégent toutes mes actions, dévorent ce que je possède et furettent de tous côtés pour voir s'il n'y a rien à voler.

LA FLÈCHE.

Comment diantre voulez-vous qu'on fasse pour vous voler? Etes-vous un homme volable, quand vous

ACTE I, SCENE III.

renfermez toutes choses, et faites sentinelle jour et nuit?

HARPAGON.

Je veux renfermer ce que bon me semble, et faire sentinelle comme il me plaît. Ne voilà pas de mes mouchards qui prennent garde à ce qu'on fait ! (*bas, à part.*) Je tremble qu'il n'ait soupçonné quelque chose de mon argent. (*haut.*) Ne serais-tu point homme à faire courir le bruit que j'ai chez moi de l'argent caché.

LA FLÈCHE.

Vous avez de l'argent caché?

HARPAGON.

Non, coquin, je ne dis pas cela. (*bas.*) J'enrage ! (*haut.*) Je demande si malicieusement tu n'irais point faire courir le bruit que j'en ai.

LA FLÈCHE.

Hé ! que nous importe que vous en ayez ou que vous n'en ayez pas, si c'est pour nous la même chose?

HARPAGON, *levant la main pour donner un soufflet*
à La Flèche.

Tu fais le raisonneur ! Je te baillerai de ce raisonnement ci par les oreilles. Sors d'ici, encore une fois.

LA FLÈCHE.

Hé bien ! je sors.

HARPAGON.

Attends; ne m'emportes-tu rien?

LA FLÈCHE.

Que vous emporterais-je?

HARPAGON.

Tiens, viens ça, que je voie. Montre-moi tes mains.

LA FLÈCHE.

Les voilà.

HARPAGON.

Les autres.

LA FLÈCHE.

Les autres?

HARPAGON.

Oui.

LA FLÈCHE.

Les voilà.

HARPAGON, *montrant les hauts de chausses de La Flèche*
N'as-tu rien mis ici dedans?

LA FLÈCHE.

Voyez-vous-même.

HARPAGON, *tâtant le bas des chausses de La Flèche.*

Ces grands hauts de chausses sont propres à devenir les receleurs des choses qu'on dérobe, et je voudrais qu'on en eût fait pendre quelqu'un.

LA FLÈCHE, *à part.*

Ah! qu'un homme comme cela mériterait bien ce qu'il craint! et que j'aurais de joie à le voler!

HARPAGON.

Hé?

LA FLÈCHE.

Quoi?

HARPAGON.

Qu'est-ce que tu parles de voler?

LA FLÈCHE.

Je vous dis que vous fouillez bien partout, pour voir si je vous ai volé.

HARPAGON.

C'est ce que je veux faire.

(*Harpagon fouille dans les poches de la Flèche.*)

LA FLÈCHE, *à part.*

La peste soit de l'avarice et des avaricieux!

HARPAGON.

Comment? Que dis-tu?

LA FLÈCHE.

Ce que je dis?

HARPAGON.

Oui. Qu'est-ce que tu dis d'avarice et d'avaricieux?

LA FLÈCHE.

Je dis que la peste soit de l'avarice et des avaricieux.

HARPAGON.

De qui veux-tu parler?

LA FLÈCHE.

Des avaricieux.

HARPAGON.

Et qui sont-ils, ces avaricieux?

LA FLÈCHE.

Des vilains et des ladres.

HARPAGON.

Mais qui est-ce que tu entends par-là?

LA FLÈCHE.

De quoi vous mettez-vous en peine?

HARPAGON.

Je me mets en peine de ce qu'il faut.

LA FLÈCHE.

Est-ce que vous croyez que je veux parler de vous?

HARPAGON.

Je crois ce que je crois; mais je veux que tu me dises à qui tu parles quand tu dis cela.

LA FLÈCHE.

Je parle... je parle à mon bonnet.

HARPAGON.

Et moi, je pourrais bien parler à ta barrette.

LA FLÈCHE.

M'empêcherez-vous de maudire les avaricieux?

HARPAGON.

Non; mais je t'empêcherai de jaser et d'être insolent. Tais-toi.

LA FLÈCHE.

Je ne nomme personne.

HARPAGON.

Je te rosserai si tu parles.

LA FLÈCHE.

Qui se sent morveux, qu'il se mouche.

HARPAGON.

Te tairas-tu?

LA FLÈCHE.

Oui, malgré moi.

HARPAGON.

Ah! ah!

LA FLÈCHE, *montrant à Harpagon une poche de son justaucorps.*

Tenez, voilà encore une poche : êtes-vous satisfait?

HARPAGON.

Allons, rends-le moi sans te fouiller.

LA FLÈCHE.

Quoi?

HARPAGON.

Ce que tu m'as pris.

LA FLÈCHE.

Je ne vous ai rien pris du tout.

HARPAGON.

Assurément?

LA FLÈCHE.

Assurément.

HARPAGON.

Adieu. Va-t'en à tous les diables.

LA FLÈCHE, *a part.*

Me voilà fort bien congédié!

HARPAGON.

Je te le mets sur ta conscience au moins.

SCENE IV.

HARPAGON, *seul.*

Voilà un pendard de valet qui m'incommode fort ; et je ne me plais point à voir ce chien de boîteux là. Certes, ce n'est pas une petite peine que de garder chez soi une grande somme d'argent; et bien heureux qui a tout son fait bien placé, et ne conserve seulement que ce qu'il faut pour sa dépense. On n'est pas peu embarrassé à inventer dans toute une maison une cache fidèle; car, pour moi, les coffres forts, me sont suspects, et je ne veux jamais m'y fier. Je les tiens justement une franche amorce à voleurs ; et c'est toujours la première chose que l'on va attaquer.

SCÈNE V.

HARPAGON, ÉLISE et CLÉANTE, *parlant ensemble, et restant dans le fond du théâtre.*

HARPAGON, *se croyant seul.*

Cependant, je ne sais si j'aurai bien fait d'avoir enterré dans mon jardin, dix mille écus qu'on me rendit hier. Dix mille écus en or, chez soi, est une somme assez...... (*à part, apercevant Élise et Cléante.*) O Ciel! je me serai trahi moi-même! la chaleur m'aura emporté, et je crois que j'ai parlé haut, en raisonnant tout seul. (*à Cléante et à Élise.*) Qu'est-ce?

CLÉANTE.

Rien, mon père.

HARPAGON.

Y a-t-il long-temps que que vous êtes là?

ÉLISE.

Nous ne venons que d'arriver.

HARPAGON.

Vous avez entendu...

CLÉANTE.

Quoi? mon père.

HARPAGON.

Là...

ÉLISE.

Quoi?

HARPAGON.

Ce que je viens de dire.

CLÉANTE.

Non.

HARPAGON.

Si fait, si fait.

ÉLISE.

Pardonnez-moi.

HARPAGON.

Je vois bien que vous en avez ouï quelques mots. C'est que je m'entretenais en moi-même de la peine qu'il y a aujourd'hui à trouver de l'argent, et je disais qu'il est bien heureux qui peut avoir dix mille écus chez soi.

CLÉANTE.

Nous feignions à vous aborder, de peur de vous interrompre.

HARPAGON.

Je suis bien aise de vous dire cela, afin que vous n'alliez pas prendre les choses de travers, et vous imaginer que je dise que c'est moi qui ai dix mille écus.

CLÉANTE.

Nous n'entrons point dans vos affaires.

HARPAGON.

Plût à Dieu que je les eusse, les dix mille écus!

CLÉANTE.

Je ne crois pas...

HARPAGON.

Ce serait une bonne affaire pour moi.

ÉLISE.

Ce sont des choses...

HARPAGON.

J'en aurais bon besoin.

CLÉANTE.

Je pense que...

HARPAGON.

Cela m'accommoderait fort.

ÉLISE.

Vous êtes...

HARPAGON.

Et je ne me plainderais pas, comme je fais, que le temps est misérable.

CLÉANTE.

Mon dieu! mon père, vous n'avez pas lieu de vous plaindre, et l'on sait que vous avez assez de bien.

HARPAGON.

Comment! j'ai assez de bien? Ceux qui le disent, en ont menti. Il n'y a rien de plus faux; ce sont des coquins qui font courir tous ces bruits-là.

ÉLISE.

Ne vous mettez point en colère.

HARPAGON.

Cela est étrange, que mes propres enfants me trahissent, et deviennent mes ennemis.

CLÉANTE.

Est-ce être votre ennemi que de dire que vous avez du bien.

HARPAGON.

Oui. De pareils discours, et les dépenses que vous faites, seront cause qu'un de ces jours on me viendra chez moi couper la gorge, dans la pensée que je suis tout couvert de pistoles.

CLÉANTE.

Quelle grande dépense est-ce que je fais?

HARPAGON.

Quelle? est-il rien de plus scandaleux que ce somptueux équipage que vous promenez par la ville? Je querellais hier votre sœur; mais c'est encore pis. Voilà qui crie vengeance au ciel; et, à vous prendre depuis les pieds jusqu'à la tête, il y aurait là de quoi faire une bonne constitution. Je vous l'ai dit vingt fois, mon fils : toutes vos manières me déplaisent fort; vous donnez furieusement dans le marquis; et, pour aller ainsi vêtu, il faut bien que vous me dérobiez.

CLÉANTE.

Hé! comment vous dérober.

HARPAGON.

Que sais-je, moi? Où pouvez-vous donc prendre de quoi entretenir l'état que vous portez?

CLÉANTE.

Moi, mon père? c'est que je joue, et, comme je suis fort heureux, je mets sur moi tout l'argent que je gagne.

HARPAGON.

C'est fort mal fait. Si vous êtes heureux au jeu, vous en devriez profiter, et mettre à honnête intérêt l'argent que vous gagnez, afin de le trouver un jour. Je voudrais bien savoir, sans parler du reste, à quoi servent tous ces rubans dont vous voilà lardé depuis les pieds jusqu'à la tête, et si une demi-douzaine d'aiguillettes ne suffit pas pour attacher un haut-de-chausses. Il est bien nécessaire d'employer de l'argent à des perruques lorsque l'on peut porter des cheveux de son crû, qui ne coûtent rien ! Je vais gager qu'en perruques et rubans il y a du moins vingt pistoles ; et vingt pistoles rapportent par année dix-huit livres six sous huit deniers, à ne les placer qu'au denier douze.

CLÉANTE.

Vous avez raison.

HARPAGON.

Laissons cela, et parlons d'autres affaires. (*apercevant Cléante et Élise qui se font des signes.*) Hé! (*bas, à part.*) Je crois qu'ils se font signe l'un à l'autre de me voler ma bourse. (*haut.*) Que veulent dire ces gestes-là?

ÉLISE.

Nous marchandons, mon frère et moi, à qui parlera le premier : et nous avons tous deux quelque chose à vous dire.

HARPAGON.

Et moi, j'ai quelque chose aussi à vous dire à tous deux.

CLÉANTE.

C'est de mariage, mon père, que nous désirons vous parler.

HARPAGON.

Et c'est de mariage aussi que je veux vous entretenir.

ÉLISE.

Ah! mon père.

HARPAGON.

Pourquoi ce cri? Est-ce le mot, ma fille, ou la chose qui vous fait peur.

CLÉANTE.

Le mariage peut nous faire peur à tous deux de la façon que vous pouvez l'entendre, et nous craignons

ACTE I, SCENE V.

que nos sentiments ne soient pas d'accord avec votre choix.

HARPAGON.

Un peu de patience, ne vous alarmez point. Je sais ce qu'il faut à tous deux, et vous n'aurez, ni l'un ni l'autre, aucun lieu de vous plaindre de tout ce que je prétends faire? et pour commencer par un bout, (*à Cléante*) avez-vous vu, dites-moi, une jeune personne appelée Mariane, qui loge pas loin d'ici ?

CLÉANTE.

Oui mon père.

HARPAGON.

Et vous?

ÉLISE.

J'en ai ouï parler.

HARPAGON.

Comment, mon fils, trouvez-vous cette fille ?

CLÉANTE.

Une fort charmante personne.

HARPAGON.

Sa physionomie?

CLÉANTE.

Tout honnête et pleine d'esprit.

HARPAGON.

Son air et sa manière?

CLÉANTE.

Admirables, sans doute.

HARPAGON.

Ne croyez-vous pas qu'une fille comme cela mériterait assez que l'on songeât à elle.

CLÉANTE.

Oui, mon père.

HARPAGON.

Que ce serait un parti souhaitable?

CLÉANTE.

Très souhaitable.

HARPAGON.

Qu'elle a toute la mine de faire un bon ménage?

CLÉANTE.

Sans doute.

HARPAGON.

Et qu'un mari aurait satisfaction avec elle?

CLÉANTE.

Assurément.

HARPAGON.

Il y a une petite difficulté; c'est que j'ai peur qu'il n'y ait pas, avec elle, tout le bien qu'on pourrait prétendre.

CLÉANTE.

Ah! mon père, le bien n'est pas considérable lorsqu'il est question d'épouser une honnête personne.

HARPAGON.

Pardonnez-moi, pardonnez-moi. Mais ce qu'il y a à dire, c'est que, si l'on n'y trouve pas tout le bien qu'on souhaite, on peut tâcher de regagner sur autre chose.

CLÉANTE.

Cela s'entend.

HARPAGON.

Enfin, je suis bien aise de vous voir dans mes sentiments, car son maintien honnête et sa douceur m'ont gagné l'ame, et je suis résolu de l'épouser, pourvu que j'y trouve quelque bien.

CLÉANTE.

Euh?

HARPAGON.

Comment?

CLÉANTE.

Vous êtes résolu, dites-vous...

HARPAGON.

D'épouser Mariane.

CLÉANTE.

Qui? vous, vous?

HARPAGON.

Oui, moi, moi, moi. Que veut dire cela?

CLÉANTE.

Il m'a pris tout à coup un éblouissement, et je me retire d'ici.

HARPAGON.

Cela ne sera rien. Allez vite boire dans la cuisine un grand verre d'eau claire.

SCENE VI.

HARPAGON, ELISE.

HARPAGON.

Voilà de mes damoiseaux fluets, qui n'ont non plus de vigueur que des poules. C'est là, ma fille, ce que j'ai résolu pour moi. Quant à ton frère, je lui destine une certaine veuve dont ce matin on m'est venu parler; et, pour toi, je te donne au seigneur Anselme?

ÉLISE.

Au seigneur Anselme?

HARPAGON.

Oui, un homme mûr, prudent et sage, qui n'a pas plus de cinquante ans, et dont on vante les grands biens.

ÉLISE, *faisant la révérence.*

Je ne veux point me marier, mon père, s'il vous plaît.

HARPAGON, *contrefaisant Elise.*

Et moi, ma petite fille, ma mie, je veux que vous vous mariiez, s'il vous plaît.

ÉLISE, *faisant encore la révérence.*

Je vous demande pardon, mon père.

HARPAGON, *contrefaisant Elise.*

Je vous demande pardon, ma fille.

ÉLISE.

Je suis très-humble servante au seigneur Anselme; mais (*faisant encore la révérence*) avec votre permission, je ne l'épouserai point.

HARPAGON.

Je suis votre très humble valet; mais, (*contrefaisant encore Elise*) avec votre permission, vous l'épouserez dès ce soir.

ÉLISE.

Dès ce soir?

HARPAGON.

Dès ce soir.

ÉLISE, *faisant encore la révérence.*

Cela ne sera pas mon père.

HARPAGON, *contrefaisant encore Élise.*

Cela sera ma fille.

ÉLISE.

Non.

HARPAGON.

Si.

ÉLISE.

Non, vous dis-je.

HARPAGON.

Si, vous dis-je.

ÉLISE.

C'est une chose où vous ne me réduirez point.

HARPAGON.

C'est une chose où je te réduirai.

ÉLISE.

Je me tuerai plutôt que d'épouser un tel mari.

HARPAGON.

Tu ne te tueras point, et tu l'épouseras. Mais voyez quelle audace ! A-t-on jamais vu une fille parler de la sorte à son père ?

ÉLISE.

Mais a-t-on jamais vu père marier sa fille de la sorte ?

HARPAGON.

C'est un parti où il n'y a rien à redire ; et je gage que tout le monde approuvera mon choix.

ÉLISE.

Et moi, je gage qu'il ne saurait être approuvé d'aucune personne raisonnable.

HARPAGON, *apercevant Valère de loin.*

Voilà Valère. Veux-tu qu'entre nous deux nous le fassions juge de cette affaire ?

ÉLISE.

J'y consens.

HARPAGON.

Te rendras-tu à son jugement ?

ÉLISE.

Oui; j'en passerai par ce qu'il dira.

HARPAGON.

Voilà qui est fait.

SCENE VII.

VALÈRE, HARPAGON, ÉLISE.

HARPAGON.

Ici, Valère. Nous t'avons élu pour nous dire qui a raison, de moi ou de ma fille.

VALÈRE.

C'est vous, monsieur, sans contredit.

HARPAGON.

Sais-tu bien de quoi nous parlons?

VALÈRE.

Non. Mais vous ne sauriez avoir tort, et vous êtes toute raison.

HARPAGON.

Je veux ce soir lui donner pour époux un homme aussi riche que sage; et la coquine me dit au nez qu'elle se moque de le prendre. Que dis-tu de cela?

VALÈRE.

Ce que j'en dis?

HARPAGON.

Oui.

VALÈRE.

Hé! hé!

HARPAGON.

Quoi?

VALÈRE.

Je dis que, dans le fond je suis de votre sentiment; et vous ne pouvez pas que vous n'ayez raison. Mais aussi n'a-t-elle pas tort tout à fait; et...

HARPAGON.

Comment! le seigneur Anselme est un parti considérable; c'est un gentilhomme qui est noble, doux, posé, sage et fort accommodé, et auquel il ne reste aucun enfant de son premier mariage. Saurait-elle mieux rencontrer?

VALÈRE.

Cela est vrai; mais elle pourrait vous dire que c'est un peu précipiter les choses, et qu'il faudrait au moins quelque temps pour voir si son inclination pourrait s'accorder avec...

HARPAGON.

C'est une occasion qu'il faut prendre vite aux cheveux. Je trouve ici un avantage qu'ailleurs je ne trouverais pas, et s'il s'engage à la prendre sans dot.

VALÈRE.

Sans dot?

HARPAGON.

Oui.

VALÈRE.

Ah! je ne dis plus rien. Voyez-vous? voilà une raison tout à fait convaincante; il se faut rendre à cela.

HARPAGON.

C'est pour moi une épargne considérable.

VALÈRE.

Assurément, cela ne reçoit point de contradiction. Il est vrai que votre fille vous peut représenter que le mariage est une plus grande affaire qu'on ne peut croire; qu'il y va d'être heureux ou malheureux toute sa vie; et qu'un engagement qui doit durer jusqu'à la mort ne se doit jamais faire qu'avec de grandes précautions.

HARPAGON.

Sans dot.

VALÈRE.

Vous avez raison. Voilà qui décide tout, cela s'entend. Il y a des gens qui pourraient vous dire qu'en de telles occasions l'inclination d'une fille est une chose, sans doute, où l'on doit avoir de l'égard, et que cette grande inégalité d'âge, d'humeur et de sentiments, rend un mariage sujet à des accidents très-fâcheux.

HARPAGON.

Sans dot?

VALÈRE.

Ah! il n'y a pas de réplique à cela, on le sait bien. Qui diantre peut aller là contre? Ce n'est pas qu'il n'y ait quantité de pères qui aimeraient mieux ménager la satisfaction de leurs filles que l'argent qu'ils pourraient donner; et qui ne les voudraient point sacrifier à l'intérêt, et chercheraient plus que toute autre chose, à mettre dans un mariage cette douce conformité qui sans cesse y maintient l'honneur, la tranquilité et la joie; et que...

HARPAGON.

Sans dot.

VALÈRE.

Il est vrai, cela ferme la bouche à tout. Sans dot! Le moyen de résister à une raison comme celle-là?

HARPAGON, *à part, regardant du côté du jardin.*

Ouais! il me semble que j'entends un chien qui aboie. N'est-ce point qu'on en voudrait à mon argent? (*à Valère.*) Ne bougez, je reviens tout à l'heure.

SCENE VIII.
ELISE, VALÈRE.

ÉLISE.

Vous moquez-vous, Valère, de lui parler comme vous faites?

VALÈRE.

C'est pour ne point l'aigrir, et pour en venir mieux à bout. Heurter de front ses sentiments est le moyen de tout gâter; et il y a de certains esprits qu'il ne faut prendre qu'en biaisant, des tempéraments ennemis de toute résistance; des naturels rétifs, que la vérité fait cabrer, qui toujours se roidissent contre le droit chemin de la raison, et qu'on ne mène qu'en tournant où l'on veut les conduire. Faites semblant de consentir à ce qu'il veut, vous en viendrez mieux à vos fins, et...

ÉLISE.

Mais ce mariage, Valère.

VALÈRE.

On cherchera des biais pour le rompre.

ÉLISE.

Mais quelle invention trouver, s'il se doit conclure ce soir?

VALÈRE.

Il faut demander un délai, et feindre quelque maladie.

ÉLISE.

Mais on découvrira la feinte, si on appelle des médecins.

VALÈRE.

Vous moquez-vous? Y connaissent-ils quelque chose? Allez, allez, vous pourriez avec eux avoir quel mal il vous plaira; ils vous trouveront des raisons pour vous dire d'où cela vient.

SCENE IX.

HARPAGON, ELISE, VALÈRE.

HARPAGON, *à part, dans le fond du théâtre.*
Ce n'est rien, dieu merci.

VALÈRE, *sans voir Harpagon.*

Enfin notre dernier recours, c'est que la fuite nous peut mettre à couvert de tout; et si votre amour, belle Elise, est capable d'une fermeté... (*apercevant Harpagon.*) Oui, il faut qu'une fille obéisse à son père. Il ne faut point qu'elle regarde comme un mari est fait; et lorsque la grande raison de sans dot, s'y rencontre, elle doit être prête à prendre tout ce qu'on lui donne.

HARPAGON.

Bon; voilà bien parler cela!

VALÈRE.

Monsieur, je vous demande pardon si je m'emporte un peu, et prends la hardiesse de lui parler comme je fais.

HARPAGON.

Comment! j'en suis ravi, et je veux que tu prennes sur elle un pouvoir absolu. (*à Elise*) Oui, tu as beau fuir, je lui donne l'autorité que le ciel me donne sur toi, et j'entends que tu fasses tout ce qu'il te dira.

VALÈRE, à *Élise*.

Après cela, résistez à mes remontrances.

SCENE X.
HARPAGON, VALÈRE.

VALÈRE.

Monsieur, je vais la suivre, pour lui continuer les leçons que je lui faisais.

HARPAGON.

Oui; tu m'obligeras certes...

VALÈRE.

Il est bon de lui tenir un peu la bride haute.

HARPAGON.

Cela est vrai. Il faut...

VALÈRE.

Ne vous mettez pas en peine. Je crois que j'en viendrai à bout.

HARPAGON.

Fais, fais. Je m'en vais faire un petit tour en ville, et reviens tout à l'heure.

VALÈRE, *adressant la parole à Élise, en s'en allant du côté par où elle est sortie.*

Oui, l'argent est plus précieux que toutes les choses du monde, et vous devez rendre graces au ciel de l'honnête homme de père qu'il vous a donné. Il sait ce que c'est que de vivre. Lorsqu'on s'offre de prendre une fille sans dot, on ne doit point regarder plus avant. Tout est renfermé là-dedans; et sans dot, tient lieu de beauté, de jeunesse, de naissance, d'honneur, de sagesse et de probité.

HARPAGON, *seul*.

Ah! le brave garçon! voilà parlé comme un oracle. Heureux qui peut avoir un domestique de la sorte!

FIN DU PREMIER ACTE.

ACTE II.

SCÈNE PREMIÈRE.

CLÉANTE, LA FLÈCHE.

CLÉANTE.

Ah! traître que tu es, où t'es-tu donc allé fourrer? Ne t'avais-je pas donné ordre....

LA FLÈCHE.

Oui, monsieur, je m'étais rendu ici pour vous attendre de pied ferme; mais monsieur votre père, le plus mal gracieux des hommes, m'a chassé dehors malgré moi, j'ai couru risque d'être battu.

CLÉANTE.

Comment va notre affaire? Les choses pressent plus que jamais; et depuis que je t'ai vu, j'ai découvert que mon père est mon rival.

LA FLÈCHE.

Votre père amoureux?

CLÉANTE.

Oui, et j'ai eu toutes les peines du monde à lui cacher le trouble où cette nouvelle m'a mis.

LA FLÈCHE.

Lui, se mêler d'aimer! De quoi diable s'avise-t-il? Se moque-t-il du monde? Et l'amour a-t-il été fait pour des gens bâtis comme lui?

CLÉANTE.

Il a fallu, pour mes péchés, que cette passion lui soit venue en tête.

LA FLÈCHE.

Mais par quelle raison lui faire un mystère de votre amour?

CLÉANTE.

Pour lui donner moins de soupçon, et me conserver, au besoin, des ouvertures plus aisées pour détourner ce mariage. Quelle réponse t'a-t-on faite?

ACTE II, SCENE I.

LA FLÈCHE.

Ma foi, monsieur, ceux qui empruntent sont bien malheureux; et il faut essuyer d'étranges choses, lorsqu'on en est réduit à passer, comme vous, par les mains des fesse-Mathieux.

CLÉANTE.

L'affaire ne se fera point?

LA FLÈCHE.

Pardonnez-moi. Notre maître Simon, le courtier qu'on nous a donné, homme agissant et plein de zèle, dit qu'il a fait rage pour vous, et il assure que votre seule physionomie lui a gagné le cœur.

CLÉANTE.

J'aurai les quinze mille francs que je demande?

LA FLÈCHE.

Oui, mais à quelques petites conditions qu'il faudra que vous acceptiez, si vous avez dessein que les choses se fassent.

CLÉANTE.

T'a-t-il fait parler à celui qui doit prêter l'argent?

LA FLECHE.

Ah! vraiment, cela ne va pas de la sorte. Il apporte encore plus de soin à se cacher que vous, et ce sont des mystères bien plus grands que vous ne pensez. On ne veut point du tout dire son nom; et l'on doit aujourd'hui l'aboucher avec vous dans une maison empruntée, pour être instruit par votre bouche, de votre bien et votre famille; et je ne doute point que le seul nom de votre père ne rende les choses faciles.

CLÉANTE.

Et principalement ma mère étant morte, dont on ne peut m'ôter le bien.

LA FLECHE.

Voici quelques articles qu'il a dictés lui-même à notre entremetteur, pour vous être montrés avant que de rien faire:

« Supposé que le prêteur voie toutes ses sûretés,
« et que l'emprunteur soit majeur, et d'une famille
« où le bien soit ample, solide, assuré, clair, et net de
« tout embarras, on fera une bonne et exacte obliga-

« tion pardevant un notaire, le plus honnête homme
« qu'il se pourra, et qui, pour cet effet, sera choisi par
« le prêteur, auquel il importe le plus que l'acte soit
« dûment dressé. »

CLÉANTE.

Il n'y a rien à dire à cela.

LA FLECHE.

« Le prêteur, pour ne charger sa conscience d'au-
« cun scrupule, prétend me donner son argent qu'au
« denier dix-huit. »

CLÉANTE.

Au denier dix-huit? Parbleu! voilà qui est honnête.
Il n'y a pas lieu de se plaindre.

LA FLECHE.

Cela est vrai.

« Mais comme ledit prêteur n'a pas chez lui la
« somme dont il est question, et que, pour faire plai-
« sir à l'emprunteur, il est contraint lui-même de
« l'emprunter d'un autre, sur le pied du denier cinq,
« il conviendra que ledit premier emprunteur paie cet
« intérêt, sans préjudice du reste, attendu que ce n'est
« que pour l'obliger que ledit prêteur s'engage à cet
« emprunt. »

CLÉANTE.

Comment diable! Quel juif! quel arabe est-ce là?
C'est plus qu'au denier quatre.

LA FLECHE.

Il est vrai; c'est ce que j'ai dit. Vous avez à voir là-
dessus.

CLÉANTE.

Que veux-tu que je voie? J'ai besoin d'argent, et il
faut bien que je consente à tout.

LA FLECHE.

C'est la réponse que j'ai faite.

CLÉANTE.

Il y a encore quelque chose?

LA FLECHE.

Ce n'est plus qu'un petit article.

« Des quinze mille francs qu'on demande, le prê-
« teur ne pourra compter en argent que douze mille li-
« vres; et, pour les mille écus restants, il faudra que

ACTE II, SCÈNE I.

« l'emprunteur prenne les hardes, nippes, bijoux
« dont s'en suit le mémoire, et que ledit prêteur a mis,
« de bonne foi, au plus modique prix qu'il lui a été
« possible. »

CLÉANTE.

Que veut dire cela?

LA FLECHE.

Ecoutez le mémoire.

» Premièrement, un lit de quatre pieds, à bande
« de point de Hongrie, appliquées fort proprement
« sur un drap de couleur d'olive, avec six chaises et
« la courte-pointe de même ; le tout bien condi-
« tionné, et doublé d'un petit taffetas changeant rouge
« et bleu.

« Plus, un pavillon à queue, d'une bonne serge
« d'Aumale rose sèche, avec le mollet et les franges de
« soie. »

CLÉANTE.

Que veut-il que je fasse de cela?

LA FLECHE.

Attendez.

« Plus, une tenture de tapisserie des amours de
« Gombaud et de Macée.

« Plus, une grande table de bois de noyer à douze
« colonnes ou piliers tournés, qui se tire par les deux
« bouts, et garnie, par le dessous, de ses six escabelles. »

CLÉANTE.

Qu'ai-je affaire, morbleu?...

LA FLECHE.

Donnez-vous patience.

« Plus, trois gros mousquets tout garnis de nacre
« de perle, avec les trois fourchettes assortissantes.

« Plus, un fourneau de brique avec deux cornues et
« deux récipients, fort utiles à ceux qui sont curieux
« de distiller. »

CLÉANTE.

J'enrage.

LA FLECHE.

Doucement.

« Plus, un luth de Bologne, garni de toutes ses cor-
« des, ou peu s'en faut.

« Plus, un trou-madame et un damier, avec un jeu
« de l'oie, renouvelé des Grecs, fort propre à passer le
« temps lorsque l'on n'a que faire.

« Plus, une peau de lézard de trois pieds et demi,
« remplie de foin; curiosité agréable pour pendre au
« plancher d'une chambre.

« Le tout, ci-dessus mentionné, valant loyalement
« plus de quatre mille cinq cents livres, et rabaissé à
« la valeur de mille écus, par la discrétion du prê-
« teur.

CLÉANTE.

Que la peste l'étouffe avec sa discrétion, le traître, le bourreau qu'il est! A-t-on jamais parlé d'une usure semblable? et n'est-il pas content du furieux intérêt qu'il exige, sans vouloir encore m'obliger à prendre pour trois mille livres les vieux rogatons qu'il ramasse? Je n'aurai pas deux cents écus de tout cela ; et cependant, il faut bien me résoudre à consentir à ce qu'il veut; car il est en état de me faire tout accepter, et il me tient, le scélérat, le poignard sur la gorge.

LA FLECHE.

Je vous vois, monsieur, ne vous en déplaise, dans le grand chemin justement que tenait Panurge pour se ruiner, prenant argent d'avance, achetant cher, vendant à bon marché, et mangeant son blé en herbe.

CLÉANTE.

Que veux-tu que j'y fasse? Voilà où les jeunes gens sont réduits par la maudite avarice des pères : et on s'étonne après cela que les fils souhaitent qu'ils meurent!

LA FLECHE.

Il faut avouer que le vôtre animerait contre sa vilenie le plus posé homme du monde. Je n'ai pas, dieu merci, les inclinations fort patibulaires ; et, parmi mes confrères que je vois se mêler de beaucoup de petits commerces, je sais tirer adroitement mon épingle du jeu, et me démêler prudemment de toutes les galanteries qui sentent tant soit peu l'échelle : mais, à vous dire vrai, il me donnerait, par ses procédés, des tentations de le voler; et je croirais, en le volant, faire une action méritoire.

CLÉANTE.

Donne-moi un peu ce mémoire, que je le voie encore.

SCENE II.

HARPAGON, maître SIMON, CLÉANTE et LA FLÈCHE, *dans le fond du théâtre.*

MAITRE SIMON.

Oui, monsieur, c'est un jeune homme qui a besoin d'argent : ses affaires le pressent d'en trouver, et il en passera par tout ce que vous prescrirez.

HARPAGON.

Mais, croyez-vous, maître Simon, qu'il n'y ait rien à péricliter? et savez-vous le nom, les biens et la famille de celui pour qui vous parlez?

MAITRE SIMON:

Non. Je ne puis pas bien vous en instruire à fond ; et ce n'est que par aventure que l'on m'a adressé à lui : mais vous serez de toutes choses éclairci par lui-même, et son homme m'a assuré que vous serez content quand vous le connaîtrez. Tout ce que je saurais vous dire, c'est que sa famille est fort riche, qu'il n'a plus de mère déjà, et qu'il s'obligera, si vous voulez, que son père mourra avant qu'il soit huit mois.

HARPAGON.

C'est quelque chose que cela. La charité, maître Simon, nous oblige à faire plaisir aux personnes lorsque nous le pouvons.

MAITRE SIMON.

Cela s'entend.

LA FLECHE, *bas, à Cléante, reconnaissant maître Simon.*

Que veut dire ceci? Notre maître Simon qui parle à votre père!

CLÉANTE, *bas à La Flèche.*

Lui aurait-on appris qui je suis? et serais-tu pour me trahir?

MAITRE SIMON, *à Cléante et à La Flèche.*

Ah! ah! vous êtes bien pressés! Qui vous a dit que

c'était céans? (*à Harpagon*) Ce n'est pas moi, monsieur, au moins, qui leur ait découvert votre nom et votre logis : mais, à mon avis, il n'y a pas grand mal à cela ; ce sont des personnes discrètes, et vous pouvez ici vous expliquer ensemble.

HARPAGON.

Comment?

MAITRE SIMON, *montrant Cléante.*

Monsieur est la personne qui veut vous emprunter les quinze mille livres dont je vous ai parlé.

HARPAGON.

Comment, pendard! c'est toi qui t'abandonnes à ces coupables extrémités!

CLEANTE.

Comment, mon père! c'est vous qui vous portez à ces honteuses actions!

(*Maître Simon s'enfuit, et La Flèche va se cacher.*)

SCENE III.

HARPAGON, CLEANTE.

HARPAGON.

C'est toi qui te veux ruiner par des emprunts si condamnables !

CLEANTE.

C'est vous qui cherchez à vous enrichir par des usures si criminelles !

HARPAGON.

Oses-tu bien, après cela, paraître devant moi?

CLEANTE.

Osez-vous bien, après cela, vous présenter aux yeux du monde?

HARPAGON.

N'as-tu point de honte, dis-moi d'en venir à ces débauches-là, de te précipiter dans des dépenses effroyables, et de faire une honteuse dissipation du bien que tes parents t'ont amassé avec tant de sueurs?

CLEANTE.

Ne rougissez-vous point de déshonorer votre condition par les commerces que vous faites, de sacrifier gloire et réputation au désir insatiable d'entasser écu sur écu, et de renchérir, en fait d'intérêt, sur les plus infames subtilités qu'aient jamais inventées les plus célèbres usuriers?

HARPAGON.

Ote-toi de mes yeux, coquin, ôte-toi de mes yeux.

CLEANTE.

Qui est le plus criminel, à votre avis, ou celui qui achète un argent dont il a besoin, ou bien celui qui vole un argent dont il n'a que faire?

HARPAGON.

Retire-toi, te dis-je, et ne m'échauffe pas les oreilles. (*seul*) Je ne suis pas fâché de cette aventure; et ce m'est un avis de tenir l'œil plus que jamais sur toutes ses actions.

SCÈNE IV.

FROSINE, HARPAGON.

FROSINE.

Monsieur.

HARPAGON.

Attendez un moment, je vais revenir vous parler. (*à part*) Il est à propos que je fasse un petit tour à mon argent.

SCENE V.

LA FLECHE, FROSINE.

LA FLECHE, *sans voir Frosine*.

L'aventure est tout à fait drôle. Il faut bien qu'il ait quelque part un ample magasin de hardes; car nous n'avons rien reconnu au mémoire que nous avons.

FROSINE.

Hé! c'est toi, mon pauvre La Flèche! D'où vient cette rencontre?

LA FLECHE.

Ah! ah! c'est toi, Frosine! Que viens-tu faire ici?

FROSINE.

Ce que je fais partout ailleurs ; m'entremettre

d'affaires; me rendre serviable aux gens, et profiter du mieux qu'il m'est possible des petits talents que je puis avoir. Tu sais que, dans ce monde, il faut vivre d'adresse, et qu'aux personnes comme moi le ciel n'a donné d'autres rentes que l'intrigue et que l'industrie.

LA FLECHE.

As-tu quelque négoce avec le patron du logis

FROSINE.

Oui; je traite pour lui quelque petite affaire dont j'espère une récompense.

LA FLECHE.

De lui? Ah! ma foi, tu seras bien fine si tu en tires quelque chose; et je te donne avis que l'argent céans est fort cher.

FROSINE.

Il y a de certains services qui touchent merveilleusement.

LA FLECHE.

Je suis votre valet, et tu ne connais pas encore le seigneur Harpagon. Le seigneur Harpagon est de tous les humains l'humain le moins humain, le mortel de tous les mortels le plus dur et le plus serré. Il n'est point de service qui pousse sa reconnaissance jusqu'à lui faire ouvrir les mains. De la louange, de l'estime, de la bienveillance en paroles, et de l'amitié tant qu'il vous plaira; mais de l'argent, point d'affaires. Il n'est rien de plus sec, de plus aride que ses bonnes graces et ses caresses; et *donner* est un mot pour qui il a tant d'aversion, qu'il ne dit jamais, *Je vous donne*, mais, *Je vous prête le bon jour*.

FROSINE.

Mon Dieu! je sais l'art de traire les hommes; j'ai le secret de m'ouvrir leur tendresse, de chatouiller leurs cœurs, de trouver les endroits par où ils sont sensibles.

LA FLECHE.

Bagatelles ici. Je te défie d'attendrir, du côté de l'argent, l'homme dont il est question. Il est Turc là-dessus, mais d'une turquerie à désespérer tout le monde; et l'on pourrait crever, qu'il n'en branlerait pas. En un mot, il aime l'argent plus que réputation, qu'honneur et que vertu ; et la vue d'un demandeur lui donne des convulsions : c'est le frapper par son endroit mortel, c'est lui percer le cœur, c'est lui arracher les entrailles ; et si... Mais il revient, je me retire.

SCENE VI.

HARPAGON, FROSINE.

HARPAGON, *bas*.

Tout va comme il faut. (*haut*.) Hé bien qu'est-ce! Frosine?

FROSINE.

Ah ! mon dieu, que vous vous portez bien, et que vous avez là un vrai visage de santé !

HARPAGON.

Qui ? moi?

FROSINE.

Jamais je ne vous vis un teint si frais et si gaillard.

HARPAGON.

Tout de bon?

FROSINE.

Comment ! vous n'avez de votre vie été si jeune que vous êtes ; et je vois des gens de vingt-cinq ans qui sont plus vieux que vous.

HARPAGON.

Cependant, Frosine, j'en ai soixante bien comptes.

FROSINE.

Hé bien ! qu'est-ce que cela, soixante ans? Voilà bien de quoi ! C'est la fleur de l'âge, cela ; et vous entrez maintenant dans la belle saison de l'homme.

HARPAGON.

Il est vrai ; mais vingt années de moins pourtant ne me feraient point de mal, je crois.

FROSINE.

Vous moquez-vous? Vous n'avez pas besoin de cela, et vous êtes d'une pâte à vivre jusqu'à cent ans.

HARPAGON.

Tu le crois?

FROSINE.

Assurément. Vous en avez toutes les marques. Tenez-vous un peu. Oh! que voilà bien entre vos deux yeux, un signe de longue vie.

HARPAGON.

Tu te connais à cela?

FROSINE.

Sans doute, montrez-moi votre main. Ah! mon Dieu! quelle ligne de vie!

HARPAGON.

Comment?

FROSINE.

Ne voyez-vous pas jusqu'où va cette ligne là?

HARPAGON.

Hé bien? qu'est-ce que cela veut dire?

FROSINE.

Par ma foi? je disais cent ans; mais vous passerez les six vingts.

HARPAGON.

Est-il possible?

FROSINE.

Il faudra vous assommer, vous dis-je; et vous mettrez en terre et vos enfants et les enfants de vos enfants.

HARPAGON.

Tant mieux. Comment va notre affaire?

FROSINE.

Faut-il le demander? et me voit-on mêler de rien dont je ne vienne à bout? J'ai, surtout pour les mariages, un talent merveilleux. Il n'est point de partis au monde que je ne trouve en peu de temps le moyen d'accoupler; et je crois que si je me l'étais mis en tête, que je marierais le grand Turc avec la république de Venise. Il n'y avait pas, sans doute, de si grandes difficultés à cette affaire-ci. Comme j'ai commerce chez elles, je les ai à fond l'une et l'autre entretenues de vous; et j'ai dit à la mère le dessein que vous aviez conçu pour Mariane, à la voir passer dans la rue et prendre l'air à sa fenêtre.

HARPAGON.

Qui a fait réponse...

FROSINE.

Elle a reçu la proposition avec joie; et quand je

lui ai témoigné que vous souhaitiez fort que sa fille assistât ce soir au contrat de mariage qui doit se faire de la vôtre, elle y a consenti sans peine, et me l'a confiée pour cela.

HARPAGON.

C'est que je suis obligé, Frosine, de donner à souper au seigneur Anselme; et je serais bien aise qu'elle soit du régal.

FROSINE.

Vous avez raison. Elle doit après dîner rendre visite à votre fille, d'où elle fait son compte d'aller faire un tour à la foire, pour venir ensuite au souper.

HARPAGON.

Hé bien! elles iront ensemble dans mon carrosse, que je leur prêterai.

FROSINE.

Voilà justement son affaire.

HARPAGON.

Mais, Frosine, as-tu entretenu la mère touchant le bien qu'elle peut donner à sa fille? Lui as-tu dit qu'il fallait qu'elle s'aidât un peu, qu'elle fît quelque effort, qu'elle se saignât pour une occasion comme celle-ci? Car enfin n'épouse-t-on point une fille sans qu'elle apporte quelque chose.

FROSINE.

Comment! c'est une fille qui vous apportera douze mille livres de rente?

HARPAGON.

Douze mille livres de rente!

FROSINE.

Oui. Premièrement, elle est nourrie et élevée dans une grande épargne de bouche : c'est une fille accoutumée à vivre de salade, de lait, de fromage et de pommes, et à laquelle, par conséquent, il ne faudra ni table bien servie, ni consommés exquis, ni orges mondés perpétuels, ni les autres délicatesses qu'il faudrait pour une autre femme; et cela ne va pas à si peu de chose, qu'il ne monte bien tous les ans à trois mille francs pour le moins. Outre cela, elle n'est curieuse que d'une propreté fort simple, et n'aime point les superbes habits, ni les riches bijoux, ni les meubles somptueux, où donnent ses pareilles avec tant de chaleur; et cet article-là vaut plus de quatre mille livres par an. De plus, elle a une aversion horrible pour le jeu; ce qui n'est pas commun aux femmes d'aujourd'hui; et j'en sais une de nos quartiers qui a perdu, à trente et quarante, vingt mille francs cette année. Mais n'en prenons rien que le quart. Cinq mille francs au jeu par an, quatre mille francs en habits et bijoux, cela fait neuf mille livres; et mille écus que nous mettons pour la nourriture: ne voilà-t-il pas par années vos douze mille francs bien comptés?

HARPAGON.

Oui, cela n'est pas mal; mais ce compte-là n'est rien de réel.

FROSINE.

Pardonnez-moi. N'est-ce pas quelque chose de réel que de vous apporter en mariage une grande sobriété, l'héritage d'un grand amour de simplicité de parure, et l'acquisition d'un grand fond de haine pour le jeu?

HARPAGON.

C'est une raillerie que de vouloir me constituer sa dot de toutes les dépenses qu'elle ne fera point. Je n'irai pas donner quittance de ce que je ne reçois pas; et il faut bien que je touche quelque chose.

FROSINE.

Mon dieu! vous toucherez assez; et elles m'ont parlé d'un certain pays où elles ont du bien dont vous serez le maître.

HARPAGON.

Il faut voir cela. Mais, Frosine, il y a encore une chose qui m'inquiète. La fille est jeune, comme tu vois; et les jeunes gens d'ordinaire n'aiment que leurs semblables, ne cherchent que leur compagnie. J'ai peur qu'un homme de mon âge ne soit pas de son goût, et que cela ne vienne à produire chez moi certains petits désordres qui ne m'accommoderaient pas.

FROSINE.

Ah! que vous la connaissez mal! C'est encore une

particularité que j'avais à vous dire. Elle a une aversion épouvantable pour tous les jeunes gens, et n'a de l'amour que pour les vieillards.

HARPAGON.

Elle?

FROSINE.

Oui, elle. Je voudrais que vous l'eussiez entendue parler là-dessus. Elle ne peut souffrir du tout la vue d'un jeune homme ; mais elle n'est point plus ravie, dit-elle, que lorsqu'elle peut voir un beau vieillard avec une barbe majestueuse. Les plus vieux sont pour elle les plus charmants ; et je vous avertis de n'aller pas vous faire plus jeune que vous êtes. Elle veut tout au moins qu'on soit sexagénaire ; et il n'y a pas quatre mois encore qu'étant prête d'être mariée elle rompit tout net le mariage, sur ce que son amant fit voir qu'il n'avait que cinquante-six ans, et qu'il ne prit point de lunettes pour signer le contrat.

HARPAGON.

Sur cela seulement ?

FROSINE.

Oui. Elle dit que ce n'est pas contentement pour elle que cinquante-six ans ; et surtout elle est pour le nez qui porte des lunettes.

HARPAGON.

Certes, tu me dis là une chose toute nouvelle.

FROSINE.

Cela va plus loin qu'on ne vous peut dire. On lui voit dans sa chambre quelques tableaux et quelques estampes. Mais que pensez-vous que ce soit ? des Adonis, des Céphales, des Pâris et des Apollons ? Non : de beaux portraits de Saturne, du roi Priam, du vieux Nestor, et du bon père Anchise sur les épaules de son fils.

HARPAGON.

Cela est admirable ! voilà ce que je n'aurais jamais pensé, et je suis bien aise d'apprendre qu'elle est de cette humeur. En effet, si j'avais été femme, je n'aurais point aimé les jeunes hommes.

FROSINE.

Je le crois bien. Voilà de belles drogues que des

jeunes gens, pour les aimer! ce sont de beaux morveux, de beaux godelureaux, pour donner envie de leur peau! et je voudrais bien savoir quel ragoût il y a à eux!

HARPAGON.

Pour moi, je n'y en comprends point, et je ne sais pas comment il y a des femmes qui les aiment tant.

FROSINE.

Il faut être folle fieffée. Trouver la jeunesse aimable, est-ce avoir le sens commun? Sont-ce des hommes que de jeunes blondins? et peut-on s'attacher à ces animaux-là?

HARPAGON.

C'est ce que je dis tous les jours. Avec leur ton de poule laitée, leurs trois petits brins de barbe relevés en barbe de chat, leurs perruques d'étoupes, leurs hauts-de-chausses tombants et leurs estomacs débraillés!...

FROSINE.

Hé! cela est bien bâti auprès d'une personne comme vous. Voilà un homme, cela. Il y a de quoi satisfaire à la vue; et c'est ainsi qu'il faut être fait et vêtu pour donner de l'amour.

HARPAGON.

Tu me trouves bien?

FROSINE.

Comment! vous êtes à ravir, et votre figure est à peindre. Tournez-vous un peu, s'il vous plaît. Il ne se peut pas mieux. Que je vous voie marcher. Voilà un corps taillé, libre et dégagé comme il faut, et qui ne marque aucune incommodité.

HARPAGON.

Je n'en ai pas de grandes, dieu merci; il n'y a que ma fluxion qui me prend de temps en temps.

FROSINE.

Cela n'est rien; votre fluxion ne vous sied point mal, et vous avez grace à tousser.

HARPAGON.

Dis-moi un peu; Mariane ne m'a-t-elle point encore vu? N'a-t-elle point pris garde à moi en passant?

ACTE II, SCÈNE VI.

FROSINE.

Non; mais nous nous sommes fort entretenues de vous: je lui ai fait un portrait de votre personne, et je n'ai pas manqué de lui vanter votre mérite et l'avantage que ce lui serait d'avoir un mari comme vous.

HARPAGON.

Tu as bien fait, et je t'en remercie.

FROSINE.

J'aurais, monsieur, une petite prière à vous faire. J'ai un procès que je suis sur le point de perdre, faute d'un peu d'argent: (*Harpagon prend un air sérieux.*) et vous pourriez facilement me procurer le gain de ce procès, si vous aviez quelques bontés pour moi... Vous ne sauriez croire le plaisir qu'elle aura de vous voir. (*Harpagon reprend un air gai.*) Ah! que vous lui plairez! et que votre fraise à l'antique fera sur son esprit un effet admirable! Mais surtout elle sera charmée de votre haut-de-chausses attaché au pourpoint avec des aiguillettes: c'est pour la rendre folle de vous, et un amant aiguilleté sera pour elle un ragoût merveilleux.

HARPAGON.

Certes, tu me ravis de me dire cela.

FROSINE.

En vérité, monsieur, ce procès m'est d'une conséquence tout à fait grande. (*Harpagon reprend son air sérieux.*) Je suis ruinée si je le perds; et quelque petite assistance me rétablirait mes affaires... Je voudrais que vous eussiez vu le ravissement où elle était à m'entendre parler de vous. (*Harpagon reprend un air gai.*) La joie éclatait dans ses yeux au récit de vos qualités; et je l'ai mise enfin dans une impatience extrême de voir ce mariage entièrement conclu.

HARPAGON.

Tu m'as fait grand plaisir, Frosine; et je t'en ai, je te l'avoue, toutes les obligations du monde.

FROSINE.

Je vous prie, monsieur, de me donner le petit secours que je vous demande. (*Harpagon reprend son air*

sérieux.) Cela me remettra sur pied, et je vous en serai éternellement obligée.
HARPAGON.
Adieu. Je vais achever mes dépêches.
FROSINE.
Je vous assure, monsieur, que vous ne sauriez jamais me soulager dans un plus grand besoin.
HARPAGON.
Je mettrai ordre que mon carrosse soit tout prêt pour vous mener à la foire.
FROSINE.
Je ne vous importunerais pas si je ne m'y voyais forcée par la nécessité.
HARPAGON.
Et j'aurai soin qu'on soupe de bonne heure, pour ne vous point faire malade.
FROSINE.
Ne me refusez point la grace dont je vous sollicite. Vous ne sauriez croire, monsieur, le plaisir que...
HARPAGON.
Je m'en vais. Voilà qu'on m'appelle. Jusqu'à tantôt.
FROSINE, *seule.*
Que la fièvre te serre, chien de vilain, à tous les diables! Le ladre a été ferme à toutes mes attaques. Mais il ne me faut pas pourtant quitter la négociation; et j'ai l'autre côté, en tout cas, d'où je suis assurée de tirer bonne récompense.

FIN DU SECOND ACTE.

ACTE III.

SCENE PREMIERE.

HARPAGON, CLÉANTE, ÉLISE, VALÈRE, DAME CLAUDE, *tenant un balai;* MAITRE JACQUES, LA MERLUCHE, BRINDAVOINE.

HARPAGON.

Allons, venez çà tous; que je vous distribue mes ordres pour tantôt, et règle à chacun son emploi. Approchez, dame Claude; commençons par vous. Bon, vous voilà les armes à la main. Je vous commets au soin de nettoyer partout; et, surtout prenez garde de frotter les meubles trop fort, de peur de les user. Outre cela, je vous constitue pendant le souper au gouvernement des bouteilles; et, s'il s'en écarte quelqu'une, et qu'il se casse quelque chose, je m'en prendrai à vous, et le rabattrai sur vos gages.

Me JACQUES, *à part.*

Châtiment politique.

HARPAGON, *à dame Claude.*

Allez.

SCENE II.

HARPAGON, CLÉANTE, ÉLISE, VALÈRE, MAITRE JACQUES, BRINDAVOINE, LA MERLUCHE.

HARPAGON.

Vous, Brindavoine, et vous, La Merluche, je vous établis dans la charge de rincer les verres et de donner à boire, mais seulement lorsqu'on aura soif, et non pas selon la coutume de certains impertinents de laquais qui viennent provoquer les gens, et les faire aviser de boire lorsqu'on n'y songe pas. Attendez qu'on vous en demande plus d'une fois, et vous ressouvenez de porter toujours beaucoup d'eau.

Mᵉ JACQUES, *à part.*

Oui. Le vin pur monte à la tête.

LA MERLUCHE.

Quitterons-nous nos souquenilles, monsieur?

HARPAGON.

Oui, quand vous verrez venir les personnes; et gardez bien de gâter vos habits.

BRINDAVOINE.

Vous savez bien, monsieur, qu'un des devants de mon pourpoint est couvert d'une grande tache de l'huile de la lampe.

LA MERLUCHE.

Et moi, monsieur, que j'ai mon haut-de-chausses tout troué par derrière, et qu'on me voit, révérence parler...

HARPAGON, *à la Merluche.*

Paix : rangez cela adroitement du côté de la muraille, et présentez toujours le devant au monde. (*à Brindavoine, en lui montrant comme il doit mettre son chapeau au devant de son pourpoint pour cacher la tache d'huile.*) Et vous, tenez toujours votre chapeau ainsi, lorsque vous servirez.

SCENE III.

HARPAGON, CLÉANTE, ÉLISE, VALÈRE, MAITRE JACQUES.

HARPAGON.

Pour vous, ma fille, vous aurez l'œil sur ce que l'on desservira, et prenez garde qu'il ne s'en fasse aucun dégât. Cela sied bien aux filles. Mais cependant préparez-vous à bien recevoir ma maîtresse qui vous doit venir visiter, et vous mener avec elle à la foire. Entendez-vous ce que je vous dis?

ELISE.

Oui, mon père.

SCÈNE IV.

HARPAGON, CLÉANTE, VALÈRE, MAITRE JACQUES.

HARPAGON.

Et vous, mon fils le damoiseau, à qui j'ai la bonté de pardonner l'histoire de tantôt, ne vous allez pas aviser non plus de lui faire mauvais visage.

CLÉANTE.

Moi, mon père? mauvais visage! Et par quelle raison?

HARPAGON.

Mon dieu! nous savons le train des enfants dont les pères se remarient, et de quel œil ils ont coutume de regarder ce qu'on appelle belle-mère. Mais si vous souhaitez que je perde le souvenir de votre dernière fredaine, je vous recommande surtout de régaler d'un bon visage cette personne-là, et de lui faire enfin tout le meilleur accueil qu'il vous sera possible.

CLÉANTE.

A vous dire vrai, mon père, je ne puis pas vous promettre d'être bien aise qu'elle devienne ma belle-mère; je mentirais si je vous le disais : mais pour ce qui est de la bien recevoir et de lui faire bon visage, je vous promets de vous obéir ponctuellement sur ce chapitre.

HARPAGON.

Prenez-y garde, au moins.

CLÉANTE.

Vous verrez que vous n'aurez pas sujet de vous en plaindre.

HARPAGON.

Vous ferez sagement.

SCÈNE V.

HARPAGON, VALÈRE, MAITRE JACQUES.

HARPAGON.

Valère, aide-moi à ceci. Or çà! maître Jacques, je vous ai gardé pour le dernier.

M° JACQUES.

Est-ce à votre cocher, monsieur, ou bien à votre cuisinier, que vous voulez parler? car je suis l'un et l'autre.

HARPAGON.

C'est à tous les deux.

M° JACQUES.

Mais à qui des deux le premier?

HARPAGON.

Au cuisinier.

M° JACQUES.

Attendez donc, s'il vous plaît.

Maître Jacques ôte sa casaque de cocher, et paraît vêtu en cuisinier.)

HARPAGON.

Quelle diantre de cérémonie est-ce là?

M° JACQUES.

Vous n'avez qu'à parler.

HARPAGON.

Je me suis engagé, maître Jacques, à donner ce soir à souper.

M° JACQUES, *à part*.

Grande merveille!

HARPAGON.

Dis-moi un peu, nous feras-tu bonne chère?

M° JACQUES.

Oui, si vous me donnez bien de l'argent.

HARPAGON.

Que diable, toujours de l'argent! Il semble qu'ils n'aient rien autre chose à dire; de l'argent, de l'argent, de l'argent. Ah! ils n'ont que ce mot à la bouche, de l'argent! toujours parler d'argent! Voilà leur épée de chevet, de l'argent.

VALÈRE.

Je n'ai jamais vu de réponse plus impertinente que celle-là. Voilà une belle merveille que de faire bonne chère avec bien de l'argent! C'est une chose la plus aisée du monde, et il n'y a si pauvre esprit qui n'en fît bien autant; mais, pour agir en habile homme, il faut parler de faire bonne chère avec peu d'argent.

M° JACQUES.

Bonne chère avec peu d'argent!

ACTE III, SCÈNE V.

VALÈRE.

Oui.

Me JACQUES, *à Valère.*

Par ma foi, monsieur l'intendant, vous nous obligerez de nous faire voir ce secret, et de prendre mon office de cuisinier : aussi bien vous mêlez-vous céans d'être le factoton.

HARPAGON.

Taisez-vous. Qu'est-ce qu'il nous faudra?

Me JACQUES.

Voilà monsieur votre intendant qui vous fera bonne chère pour peu d'argent.

HARPAGON.

Haye! je veux que tu me répondes.

Me JACQUES.

Combien serez-vous de gens à table?

HARPAGON.

Nous serons huit ou dix; mais il ne faut prendre que huit. Quand il y a à manger pour huit, il y en a bien pour dix.

VALÈRE.

Cela s'entend.

Me JACQUES.

Hé bien! il faudra quatre grands potages et cinq assiettes... Potages... Entrées...

HARPAGON.

Que diable! voilà pour traiter une ville tout entière.

Me JACQUES.

Rôt...

HARPAGON, *mettant la main sur la bouche de maître Jacques.*

Ah! traître, tu manges tout mon bien.

Me JACQUES.

Entremets...

HARPAGON, *mettant encore la main sur la bouche de maître Jacques.*

Encore!

VALÈRE, *à maître Jacques.*

Est-ce que vous avez envie de faire crever le monde? et monsieur a-t-il invité des gens pour les assassiner à force de mangeaille? Allez-vous-en lire un peu les préceptes de la santé, et demander aux médecins s'il y a rien de plus préjudiciable à l'homme que de manger avec excès.

HARPAGON.

Il a raison.

VALÈRE.

Apprenez, maître Jacques, vous et vos pareils, que c'est un coupe-gorge qu'une table remplie de trop de viandes ; que, pour se bien montrer ami de ceux que l'on invite, il faut que la frugalité règne dans les repas qu'on donne ; et que, suivant le dire d'un ancien, *il faut manger pour vivre, et non pas vivre pour manger.*

HARPAGON.

Ah ! que cela est bien dit ! Approche, que je t'embrasse pour ce mot. Voilà la plus belle sentence que j'ai entendue de ma vie : *il faut vivre pour manger, et non pas manger pour vi...* Non, ce n'est pas cela, comment est-ce que tu dis ?

VALÈRE.

Qu'*il faut manger pour vivre et non pas vivre pour manger.*

HARPAGON, *à maître Jacques.*

Oui. Entends-tu ? (*à Valère.*) Qui est le grand homme qui a dit cela ?

VALÈRE.

Je ne me souviens pas maintenant de son nom.

HARPAGON.

Souviens-toi de m'écrire ces mots : je les veux faire graver en lettres d'or sur la cheminée de ma salle.

VALÈRE.

Je n'y manquerai pas. Et, pour votre souper, vous n'avez qu'à me laisser faire, je réglerai tout cela comme il faut.

HARPAGON.

Fais donc.

Me JACQUES.

Tant mieux ! j'en aurai moins de peine.

HARPAGON.

Il faudra de ces choses dont on ne mange guère, et qui rassasient d'abord ; quelque bon haricot bien gras, avec quelque pâté en pot bien garni de marrons.

VALERE.

Reposez-vous sur moi.

HARPAGON.

Maintenant, maître Jacques, il faut nettoyer mon carrosse.

Mᶜ JACQUES.

Attendez; ceci s'adresse au cocher. (*Maître Jacques remet sa casaque.*) Vous dites....

HARPAGON.

Qu'il faut nettoyer mon carosse, et tenir mes chevaux tout prêts pour conduire à la foire...

Mᶜ JACQUES.

Vos chevaux, monsieur? Ma foi, ils ne sont point du tout en état de marcher. Je ne vous dirai point qu'ils sont sur la litière: les pauvres bêtes n'en ont point, et ce serait mal parler : mais vous leur faites observer des jeûnes si austères, que ce ne sont plus rien que des idées ou des fantômes, des façons de chevaux.

HARPAGON.

Les voilà bien malades ! Ils ne font rien.

Mᶜ JACQUES.

Et pour ne faire rien, monsieur, est-ce qu'il ne faut rien manger? Il leur vaudrait bien mieux, les pauvres animaux, de travailler beaucoup, de manger de même. Cela me fend le cœur de les voir ainsi exténués ; car enfin j'ai une tendresse pour mes chevaux, qu'il me semble que c'est moi-même, quand je les vois pâtir. Je m'ôte tous les jours pour eux les choses de la bouche; et c'est être, monsieur, d'un naturel trop dur, que de n'avoir nulle pitié de son prochain.

HARPAGON.

Le travail ne sera pas grand, d'aller jusqu'à la foire.

Mᶜ JACQUES.

Non, je n'ai point le courage de les mener, et je me ferais conscience de leur donner des coups de fouet en l'état où ils sont. Comment voudriez-vous qu'ils traînassent un carrosse? ils ne peuvent pas se traîner eux-mêmes.

VALÈRE.

Monsieur, j'obligerai le voisin Picard à se charger de les conduire ; aussi bien nous fera-t-il ici besoin pour apprêter le souper.

Me JACQUES.

Soit. J'aime mieux encore qu'ils meurent sous la main d'un autre que sous la mienne.

VALÈRE.

Maître Jacques fait bien le raisonnable!

Me JACQUES.

Monsieur l'intendant fait bien le nécessaire!

HARPAGON.

Paix.

Me JACQUES.

Monsieur, je ne saurais souffrir les flatteurs ; et je vois que ce qu'il en fait, que ses contrôles perpétuels sur le pain et le vin, le bois, le sel et la chandelle, ne sont rien que pour vous gratter et vous faire sa cour. J'enrage de cela, et je suis fâché tous les jours d'entendre ce qu'on dit de vous : car, enfin, je me sens pour vous de la tendresse, en dépit que j'en aie ; et, après mes chevaux, vous êtes la personne que j'aime le plus.

HARPAGON.

Pourrais-je savoir de vous, maître Jacques, ce que l'on dit de moi?

Me JACQUES.

Oui, monsieur, si j'étais assuré que cela ne vous fâchât point.

HARPAGON.

Non, en aucune façon.

Me JACQUES.

Pardonnez-moi ; je sais fort bien que je vous mettrais en colère.

HARPAGON.

Point du tout. Au contraire, c'est me faire plaisir, et je suis bien aise d'apprendre comme on parle de moi.

Me JACQUES.

Monsieur, puisque vous le voulez, je vous dirai franchement qu'on se moque partout de vous, qu'on nous jette de tous côtés cent brocards à votre sujet, et que l'on n'est point plus ravi que de vous tenir au cul et aux chausses, et de faire sans cesse des contes de votre lésine. L'un dit que vous faites imprimer des almanachs particuliers, où vous faites doubler les quatre-temps et les vigiles, afin de profiter des jeûnes où vous obligez votre monde; l'autre, que vous avez toujours une querelle toute prête à faire à vos valets dans le temps des étrennes, ou de leur sortie d'avec vous, pour vous trouver une raison de ne leur donner rien. Celui-là conte qu'une fois vous fîtes assigner le chat d'un de vos voisins, pour vous avoir mangé un reste de gigot de mouton; celui-ci, que l'on vous surprit une nuit, en venant dérober vous-même l'avoine de vos chevaux; et que votre cocher, qui était celui d'avant moi, vous donna dans l'obscurité je ne sais combien de coup de bâton dont vous ne voulûtes rien dire. Enfin, voulez-vous que je vous dise? on ne saurait aller nulle part où l'on ne vous entende accommoder de toutes pièces. Vous êtes la fable et la risée de tout le monde; et jamais on ne parle de vous que sous les noms d'avare, de ladre, de vilain et de fesse-Matthieu.

HARPAGON, *en battant maître Jacques.*

Vous êtes un sot, un maraud, un coquin, et un impudent.

M⁰ JACQUES.

Hé bien! ne l'avais-je pas deviné? Vous ne m'avez pas voulu croire. Je vous avais bien dit que je vous fâcherais de vous dire la vérité.

HARPAGON.

Apprenez à parler.

SCENE VI.

VALERE, MAÎTRE JACQUES.

VALERE, *riant.*

A ce que je puis voir, maître Jacques, on paie mal votre franchise.

M⁰ JACQUES.

Morbleu! monsieur le nouveau venu, qui faites

l'homme d'importance, ce n'est pas votre affaire. Riez de vos coups de bâton quand on vous en donnera, et ne venez point rire des miens.

VALÈRE.

Ah! monsieur maître Jacques, ne vous fâchez pas, je vous prie.

Mᵉ JACQUES, *à part.*

Il file doux. Je veux faire le brave, et, s'il est assez sot pour me craindre, le frotter quelque peu. *(haut)* Savez-vous bien, monsieur le rieur, que je ne ris pas, moi, et que, si vous m'échauffez la tête, je vous ferai rire d'une autre sorte?

(*Maître Jacques pousse Valère jusqu'au bout du théâtre, en le menaçant.*)

VALÈRE.

Hé! doucement.

Mᵉ JACQUES.

Comment, doucement? il ne me plaît pas, moi.

VALÈRE.

De grace!

Mᵉ JACQUES.

Vous êtes un impertinent.

VALÈRE.

Monsieur maître Jacques...

Mᵉ JACQUES.

Il n'y a point de monsieur maître Jacques pour un double. Si je prends un bâton, je vous rosserai d'importance.

VALÈRE.

Comment! un bâton! *Valère fait reculer maître Jacques à son tour.*)

Mᵉ JACQUES.

Hé! je ne parle pas de cela.

VALÈRE.

Savez-vous bien, monsieur le fat, que je suis homme à vous rosser vous-même?

Mᵉ JACQUES.

Je n'en doute pas.

VALÈRE.

Que vous n'êtes, pour tout potage, qu'un faquin de cuisinier?

ACTE III, SCENE VII.

Mᶜ JACQUES.

Je le sais bien.

VALÈRE.

Et que vous ne me connaissez pas encore?

Mᶜ JACQUES.

Pardonnez-moi.

VALÈRE.

Vous me rosserez, dites-vous?

Mᶜ JACQUES.

Je le disais en raillant.

VALÈRE.

Et moi, je ne prends point de goût à votre raillerie. (*donnant des coups de bâton à maître Jacques.*) Apprenez que vous êtes un mauvais railleur.

Mᶜ JACQUES, *seul*.

Peste soit la sincérité! c'est un mauvais métier; désormais j'y renonce, et je ne veux plus dire vrai. Passe encore pour mon maître; il a quelque droit de me battre; mais, pour ce monsieur l'intendant, je m'en vengerai, si je puis.

SCENE VII.

MARIANE, FROSINE, MAÎTRE JACQUES.

FROSINE.

Savez-vous, maître Jacques, si votre maître est au logis?

Mᶜ JACQUES.

Oui, vraiment, il y est; je ne le sais que trop.

FROSINE.

Dites-lui, je vous prie, que nous sommes ici.

SCENE VIII.

MARIANE, FROSINE.

MARIANE.

Ah! que je suis, Frosine, dans un étrange état, et, s'il faut dire ce que je sens, que j'appréhende cette vue!

FROSINE.

Mais pourquoi, et quelle est votre inquiétude?

MARIANE.

Hélas! me le demandez-vous? et ne vous figurez vous point les alarmes d'une personne toute prête à voir le supplice où l'on veut l'attacher?

FROSINE.

Je vois bien que, pour mourir agréablement, Harpagon n'est pas le supplice que vous voudriez embrasser; et je connais, à votre mine, que le jeune blondin dont vous m'avez parlé vous revient un peu dans l'esprit.

MARIANE.

Oui : c'est une chose, Frosine, dont je ne veux pas me défendre; et les visites respectueuses qu'il a rendues chez nous ont fait, je vous l'avoue, quelque effet dans mon ame.

FROSINE.

Mais avez-vous su quel il est?

MARIANE.

Non, je ne sais point quel il est : mais je sais qu'il est fait d'un air à se faire aimer; que, si l'on pouvait mettre les choses à mon choix, je le prendrais plutôt qu'un autre; et qu'il ne contribue pas peu à me faire trouver un tourment effroyable dans l'époux qu'on veut me donner.

FROSINE.

Mon dieu! tous ces blondins sont agréables, et débitent fort bien leur fait : mais la plupart sont gueux comme des rats; et il vaut mieux pour vous de prendre un vieux mari qui vous donne beaucoup de bien. Je vous avoue que les sens ne trouvent pas si bien leur compte du côté que je dis, et qu'il y a quelques petits dégoûts à essuyer avec un tel époux : mais cela n'est pas pour durer; et sa mort, croyez-moi, vous mettra bientôt en état d'en prendre une plus aimable, qui réparera toutes choses.

MARIANE.

Mon dieu! Frosine, c'est une étrange affaire, lorsque, pour être heureuse, il faut souhaiter ou attendre le trépas de quelqu'un; et la mort ne suit pas tous les projets que nous faisons.

FROSINE.

Vous moquez-vous? Vous ne l'épousez qu'aux conditions de vous laisser veuve bientôt ; et ce doit être là un des articles du contrat. Il serait bien impertinent de ne pas mourir dans trois mois. Le voici en propre personne.

MARIANE.

Ah! Frosine, quelle figure!

SCENE IX.

HARPAGON, MARIANE, FROSINE.

HARPAGON, *à Mariane.*

Ne vous offensez, pas, ma belle, si je viens à vous avec des lunettes. Je sais que vos appas frappent assez les yeux, sont assez visibles d'eux-mêmes, et qu'il n'est pas besoin de lunettes pour les apercevoir : mais enfin c'est avec des lunettes qu'on observe les astres, et je maintiens et garantis que vous êtes un astre, mais un astre, le plus bel astre qui soit dans le pays des astres. Frosine, elle ne répond mot, et ne témoigne, ce me semble, aucune joie de me voir.

FROSINE.

C'est qu'elle est encore toute surprise : et puis, les filles ont toujours honte à témoigner d'abord ce qu'elles ont dans l'ame.

HARPAGON, *à Frosine.*

Tu as raison. (*à Mariane.*) Voilà, belle mignonne, ma fille qui vient vous saluer.

SCENE X.

HARPAGON, ÉLISE, MARIANE, FROSINE.

MARIANE.

Je m'acquitte bien tard, madame, d'une telle visite.

ELISE.

Vous avez fait, madame, ce que je devais faire, et c'était à moi de vous prévenir.

HARPAGON.

Vous voyez qu'elle est grande ; mais mauvaise herbe croît toujours.

MARIANE, *bas, à Frosine.*
Oh ! l'homme déplaisant !
HARPAGON, *à Frosine.*
Que dit la belle ?
FROSINE.
Qu'elle vous trouve admirable.
HARPAGON.
C'est trop d'honneur que vous me faites, adorable mignonne.
MARIANE, *à part.*
Quel animal !
HARPAGON.
Je vous suis trop obligé de ces sentiments.
MARIANE, *à part.*
Je n'y puis plus tenir.

SCENE XI.

HARPAGON, MARIANE, ÉLISE, CLEANTE, VALERE, FROSINE, BRINDAVOINE.

HARPAGON.
Voici mon fils aussi qui vous vient faire la révérence.
MARIANE, *bas, à Frosine.*
Ah ! Frosine, quelle rencontre ! C'est justement celui dont je t'ai parlé.
FROSINE, *à Mariane.*
L'aventure est merveilleuse.
HARPAGON.
Je vois que vous vous étonnez de me voir de si grands enfants ; mais je serai bientôt défait et de l'un et de l'autre.
CLEANTE, *à Mariane.*
Madame, à vous dire le vrai, c'est ici une aventure où, sans doute, je ne m'attendais pas ; et mon père ne m'a pas peu surpris, lorsqu'il m'a dit tantôt le dessein qu'il avait formé.
MARIANE.
Je puis dire la même chose. C'est une rencontre imprévue, qui m'a surprise autant que vous ; et je n'étais point préparée à une telle aventure.

ACTE III, SCENE XI.

CLÉANTE.

Il est vrai que mon père, madame, ne peut pas faire un plus beau choix, et que ce m'est une sensible joie que l'honneur de vous voir ; mais, avec tout cela, je ne vous assurerai point que je me rejouis du dessein où vous pourriez être de devenir ma belle-mère. Le compliment, je vous l'avoue, est trop difficile pour moi ; et c'est un titre, s'il vous plaît, que je ne vous souhaite point. Ce discours paraîtra brutal aux yeux de quelques uns : mais je suis assuré que vous serez personne à le prendre comme il faudra ; que c'est un mariage, madame, où vous vous imaginez bien que je dois avoir de la répugnance ; que vous n'ignorez pas, sachant ce que je suis, comme il choque mes intérêts; et que vous voulez bien enfin que je vous dise, avec la permission de mon père, que, si les choses dépendaient de moi, cet hymen ne se ferait point.

HARPAGON.

Voilà un compliment bien impertinent! Quelle belle confession à lui faire !

MARIANE.

Et moi, pour vous répondre, j'ai à vous dire que les choses sont fort égales ; et que, si vous auriez de la répugnance à me voir votre belle-mère, je n'en aurais pas moins, sans doute, à vous voir mon beau-fils. Ne croyez pas, je vous prie, que ce soit moi qui cherche à vous donner cette inquiétude. Je serais fort fâchée de vous causer du déplaisir ; et, si je ne m'y vois forcée par une puissance absolue, je vous donne ma parole que je ne consentirai point au mariage qui vous chagrine.

HARPAGON.

Elle a raison : à sot compliment il faut une réponse de même. Je vous demande pardon, ma belle, de l'impertinence de mon fils ; c'est un jeune sot qui ne sait pas encore la conséquence des paroles qu'il dit.

MARIANE.

Je vous promets que ce qu'il m'a dit ne m'a point du tout offensée ; au contraire, il m'a fait plaisir de m'expliquer ainsi ses véritables sentiments. J'aime de lui un aveu de la sorte; et, s'il avait parlé d'autre façon, je l'en estimerais bien moins.

HARPAGON.

C'est beaucoup de bonté à vous de vouloir ainsi excuser ses fautes. Le temps le rendra plus sage, et vous verrez qu'il changera de sentiments.

CLEANTE.

Non, mon père, je ne suis point capable d'en changer, et je prie instamment madame de le croire.

HARPAGON.

Mais voyez quelle extravagance! il continue encore plus fort.

CLEANTE.

Voulez-vous que je trahisse mon cœur?

HARPAGON.

Encore? Avez-vous envie de changer de discours?

CLEANTE.

Hé bien! puisque vous voulez que je parle d'autre façon : souffrez, madame, que je me mette ici à la place de mon père, et que je vous avoue que je n'ai rien vu dans le monde de si charmant que vous; que je ne conçois rien d'égal au bonheur de vous plaire, et que le titre de votre époux est une gloire, une félicité que je préférerais aux destinées des plus grands princes de la terre. Oui, madame, le bonheur de vous posséder est, à mes regards, la plus belle de toutes les fortunes; c'est où j'attache toute mon ambition. Il n'y a rien que je ne sois capable de faire pour une conquête si précieuse; et les obstacles les plus puissants...

HARPAGON.

Doucement, mon fils, s'il vous plaît.

CLEANTE.

C'est un compliment que je fais pour vous à madame.

HARPAGON.

Mon dieu! j'ai une langue pour m'expliquer moi-même, et je n'ai pas besoin d'un interprète comme vous. Allons, donnez des sièges.

FROSINE.

Non, il vaut mieux que, de ce pas, nous allions à la

foire, afin d'en revenir plus tôt et d'avoir tout le temps ensuite de nous entretenir.

HARPAGON, à Brindavoine.

Qu'on mette donc les chevaux au carrosse.

SCÈNE XII.

HARPAGON, MARIANE, ÉLISE, CLÉANTE, VALÈRE, FROSINE.

HARPAGON, à Mariane.

Je vous prie de m'excuser, ma belle, si je n'ai pas songé à vous donner un peu de collation avant que de partir.

CLÉANTE.

J'y ai pourvu, mon père, et j'ai fait apporter ici quelques bassins d'oranges de la Chine, de citrons doux et de confitures, que j'ai envoyé quérir de votre part.

HARPAGON, bas, à Valère.

Valère !

VALÈRE, à Harpagon.

Il a perdu le sens.

CLÉANTE.

Est-ce que vous trouvez, mon père, que ce ne soit pas assez ? Madame aura la bonté d'excuser cela, s'il lui plaît.

MARIANE.

C'est une chose qui n'était pas nécessaire.

CLÉANTE.

Avez-vous jamais vu, madame, un diamant plus vif que celui que vous voyez que mon père a au doigt ?

MARIANE.

Il est vrai qu'il brille beaucoup.

CLÉANTE, ôtant du doigt de son père le diamant, et le donnant à Mariane.

Il faut que vous le voyiez de près.

MARIANE.

Il est fort beau, sans doute, et jette quantité de feux.

CLEANTE, *se mettant au devant de Mariane, qui veut rendre le diamant.*

Non, madame, il est en de trop belles mains; c'est un présent que mon père vous fait.

HARPAGON.

Moi?

CLEANTE.

N'est-il pas vrai, mon père, que vous voulez que madame le garde pour l'amour de vous?

HARPAGON, *bas, à son fils.*

Comment!

CLEANTE, *à Mariane.*

Belle demande! Il me fait signe de vous le faire accepter.

MARIANE.

Je ne veux point...

CLEANTE, *à Mariane.*

Vous moquez-vous? il n'a garde de le reprendre.

HARPAGON, *à part.*

J'enrage.

MARIANE.

Ce serait...

CLEANTE, *empêchant toujours Mariane de rendre le diamant.*

Non, vous dis-je; c'est l'offenser.

MARIANE.

De grace...

CLEANTE.

Point du tout.

HARPAGON, *à part.*

Peste soit...

CLEANTE.

Le voilà qui se scandalise de votre refus.

HARPAGON, *bas, à son fils.*

Ah! traître!

CLEANTE, *à Mariane.*

Vous voyez qu'il se désespère.

HARPAGON, *bas à son fils, en le menaçant.*

Bourreau que tu es!

CLEANTE.

Mon père, ce n'est pas ma faute; je fais ce je puis pour l'obliger à le garder; mais elle est obstinée.

HARPAGON, *bas, à son fils en le menaçant.*
Pendard!
CLÉANTE.
Vous êtes cause, madame, que mon père me querelle.
HARPAGON, *bas, à son fils, avec les mêmes gestes.*
Le coquin!
CLÉANTE ; *à Mariane.*
Vous le ferez tomber malade. De grace, madame, ne résistez pas davantage.
FROSINE, *à Mariane.*
Mon dieu! que de façon! Gardez la bague, puisque monsieur le veut.
MARIANE, *à Harpagon.*
Pour ne vous point mettre en colère, je la garde maintenant, et je prendrai un autre temps pour vous la rendre.

SCENE XIII.

HARPAGON, MARIANE, ÉLISE, CLÉANTE, VALÈRE, FROSINE, BRINDAVOINE.

BRINDAVOINE.
Monsieur, il y a un homme qui veut vous parler.
HARPAGON.
Dis-lui que je suis empêché, et qu'il revienne une autre fois.
BRINDAVOINE.
Il dit qu'il vous apporte de l'argent.
HARPAGON, *à Mariane.*
Je vous demande pardon, je reviens tout à l'heure

SCENE XIV.

HARPAGON, MARIANE, ÉLISE, CLÉANTE, VALÈRE, FROSINE, LA MERLUCHE.

LA MERLUCHE, *courant et faisant tomber Harpagon.*
Monsieur...
HARPAGON.
Ah! je suis mort.

CLÉANTE.

Qu'est-ce, mon père? Vous êtes vous fait mal?

HARPAGON.

Le traître, assurément, a reçu de l'argent de mes débiteurs pour me faire rompre le cou.

VALÈRE, à *Harpagon*.

Cela ne sera rien.

LA MERLUCHE, à *Harpagon*.

Monsieur, je vous demande pardon; je croyais bien faire d'accourir vite.

HARPAGON.

Que viens-tu faire ici, bourreau?

LA MERLUCHE.

Vous dire que vos deux chevaux sont déferrés.

HARPAGON.

Qu'on les mène promptement chez le maréchal.

CLÉANTE.

En attendant qu'ils soient ferrés, je vais faire pour vous, mon père, les honneurs de votre logis, et conduire madame dans le jardin, où je ferai porter la collation.

SCENE XV.

HARPAGON, VALÈRE.

HARPAGON.

Valère, aie un peu l'œil à tout cela, et prends soin, je te prie, de m'en sauver le plus que tu pourras pour le renvoyer au marchand.

VALÈRE.

C'est assez.

HARPAGON, *seul*.

O fils impertinent! As-tu envie de me ruiner?

FIN DU TROISIÈME ACTE.

ACTE IV.

SCENE PREMIERE.
CLÉANTE, MARIANE, ÉLISE, FROSINE.

CLÉANTE.
Rentrons ici, nous serons beaucoup mieux ; il n'y a plus autour de nous personne de suspect, et nous pouvons parler librement.

ÉLISE.
Oui, madame, mon frère m'a fait confidence de la passion qu'il a pour vous. Je sais les chagrins et les déplaisirs que sont capables de causer de pareilles traverses; et c'est, je vous assure, avec une tendresse extrême que je m'intéresse à votre aventure.

MARIANE.
C'est une douce consolation que de voir dans ses intérêts une personne comme vous; et je vous conjure, madame, de me garder toujours cette généreuse amitié, si capable de m'adoucir les cruautés de la fortune.

FROSINE.
Vous êtes, par ma foi, de malheureuses gens, l'un et l'autre, de ne m'avoir point, avant tout ceci, avertie de votre affaire. Je vous aurais sans doute détourné cette inquiétude, et n'aurais point amené les choses où l'on voit qu'elles sont.

CLÉANTE.
Que veux-tu? c'est ma mauvaise destinée qui l'a voulu ainsi. Mais, belle Mariane, quelles résolutions sont les vôtres?

MARIANE.
Hélas! suis-je en pouvoir de faire des résolutions? Et, dans la dépendance où je me vois, ne puis-je former que des souhaits?

CLÉANTE.

Point d'autre appui pour moi dans votre cœur q. de simples souhaits ? Point de pitié officieuse Point de secourable bonté ? Point d'affection agissante ?

MARIANE.

Que saurais-je vous dire? mettez-vous en ma place, et voyez ce que je puis faire. Avisez, ordonnez vous-même, je m'en remets à vous ; et je vous crois trop raisonnable pour vouloir exiger de moi que ce qui peut m'être permis par l'honneur et la bienséance?

CLÉANTE.

Hélas ! Où me réduisez-vous, que de renvoyer à ce que voudront permettre les fâcheux sentiments d'un rigoureux honneur et d'une scrupuleuse bienséance?

MARIANE.

Mais que voulez-vous que je fasse? Quand je pourrais passer sur quantité d'égards où notre sexe est obligé, j'ai de la considération pour ma mère : elle m'a toujours élevée avec une tendresse extrême ; et je ne saurais me résoudre à lui donner du déplaisir. Faites, agissez auprès d'elle ; employez tous vos soins à gagner son esprit ; vous pouvez faire et dire tout ce que vous voudrez, je vous en donne la licence ; et, s'il ne tient qu'à me déclarer en votre faveur, je veux bien consentir à lui faire un aveu moi-même de tout ce que je sens pour vous.

CLÉANTE.

Frosine, ma pauvre Frosine, voudrais-tu nous servir?

FROSINE.

Par ma foi, faut-il le demander? je le voudrais de tout mon cœur. Vous savez que de mon naturel je suis assez humaine. Le ciel ne m'a point fait l'âme de bronze ; et je n'ai que trop de tendresse à rendre de petits services, quand je vois des gens qui s'entr'aiment en tout bien et en tout honneur. Que pourrions- faire à ceci?

CLÉANTE.

Songe un peu, je te prie.

MARIANE.

Ouvre-nous des lumières.

ÉLISE.

Trouve quelque invention pour rompre ce que tu as fait.

FROSINE.

Ceci est assez difficile. (*à Mariane.*) Pour votre mère, elle n'est pas tout à fait déraisonnable, et peut-être pourrait-on la gagner et la résoudre à transporter au fils le don qu'elle veut faire au père. (*à Cléante.*) Mais le mal que j'y trouve, c'est que votre père est votre père.

CLÉANTE.

Cela s'entend.

FROSINE.

Je veux dire qu'il conservera du dépit si l'on montre qu'on le refuse, et qu'il ne sera point d'humeur ensuite à donner son consentement à votre mariage. Il faudrait, pour bien faire, que le refus vînt de lui-même, et tâcher par quelque moyen de le dégouter de votre personne.

CLÉANTE.

Tu as raison.

FROSINE.

Oui, j'ai raison, je le sais bien. C'est là ce qu'il faudrait ; mais le diantre est d'en pouvoir trouver les moyens. Attendez : si nous avions quelque femme un peu sur l'âge, qui fût de mon talent, et jouât assez bien pour contrefaire une dame de qualité, par le moyen d'un train fait à la hâte, et d'un bizarre nom de marquise ou de vicomtesse, que nous supposerions de la basse Bretagne, j'aurais assez d'adresse pour faire accroire à votre père que ce serait une personne riche, outre ses maisons, de cent mille écus en argent comptant ; qu'elle serait éperdument amoureuse de lui, et souhaiterait de se voir sa femme, jusqu'à lui donner tout son bien par contrat de mariage : et je ne doute point qu'il ne prêtât l'oreille à la proposition. Car enfin il vous aime fort, je le sais; mais il aime un peu plus l'argent : et quand, ébloui de ce leurre, il aurait une fois consenti à ce qui vous touche, il importerait peu ensuite qu'il se désabusât, en venant à vouloir voir clair aux affaires de notre marquise.

CLÉANTE.

Tout cela est fort bien pensé.

FROSINE.

Laissez-moi faire. Je viens de me ressouvenir d'une de mes amies qui sera notre fait.

CLÉANTE.

Sois assurée, Frosine, de ma reconnaissance, si tu viens à bout de la chose. Mais, charmante Mariane, commençons, je vous prie, par gagner votre mère; c'est toujours beaucoup faire que de rompre ce mariage. Faites-y de votre part, je vous conjure, tous les efforts qu'il vous sera possible. Servez-vous de tout le pouvoir que vous donne sur elle cette amitié qu'elle a pour vous : déployez sans réserve les graces éloquentes, les charmes tout puissants que le ciel a placés dans vos yeux et dans votre bouche; et n'oubliez rien, s'il vous plaît, de ces tendres paroles, de ces douces prières, et de ces caresses touchantes à qui je suis persuadé qu'on ne saurait rien refuser.

MARIANE.

J'y ferai tout ce que je puis, et n'oublierai aucune chose.

SCENE II.

HARPAGON, CLÉANTE, MARIANE, ÉLISE, FROSINE.

HARPAGON, *à part, sans être aperçu.*

Ouais! mon fils baise la main de sa prétendue belle-mère, et sa prétendue belle-mère ne s'en défend pas fort. Y aurait-il quelque mystère là-dessous?

ÉLISE.

Voilà mon père.

HARPAGON.

Le carrosse et tout prêt, vous pouvez partir quand il vous plaira.

CLÉANTE.

Puisque vous n'y allez pas, mon père, je m'en vais les conduire.

HARPAGON.

Non, demeurez; elles iront bien toutes seules, et j'ai besoin de vous.

SCÈNE III.

HARPAGON, CLÉANTE.

HARPAGON.

Oh çà, intérêt de belle-mère à part, que te semble, à toi, de cette personne?

CLÉANTE.

Ce qu'il m'en semble?

HARPAGON.

Oui, de son air, de sa taille, de sa beauté, de son esprit?

CLÉANTE.

Là, là.

HARPAGON.

Mais encore?

CLÉANTE.

A vous en parler franchement, je ne l'ai pas trouvée ici ce que je l'avais crue. Son air est de franche coquette, sa taille est assez gauche, sa beauté très médiocre, et son esprit des plus communs. Ne croyez pas que ce soit, mon père, pour vous en dégoûter; car belle-mère pour belle-mère, j'aime autant celle-là qu'une autre.

HARPAGON.

Tu lui disais tantôt pourtant...

CLÉANTE.

Je lui ai dit quelques douceurs en votre nom; mais c'était pour vous plaire.

HARPAGON.

Si bien donc que tu n'aurais pas d'inclination pour elle?

CLÉANTE.

Moi? point du tout.

HARPAGON.

J'en suis fâché, car cela rompt une pensée qui m'était venue dans l'esprit. J'ai fait en la voyant ici, réflexion sur mon âge; et j'ai songé qu'on pourra trouver à redire de me voir marier à une si jeune personne. Cette considération m'en faisait quitter le dessein; et comme je l'ai fait demander, et que je suis pour elle engagé de parole, je te l'aurais donnée, sans l'aversion que tu témoignes.

CLÉANTE.

A moi?

HARPAGON.

A toi.

CLÉANTE.

En mariage?

HARPAGON.

En mariage.

CLÉANTE.

Ecoutez. Il est vrai qu'elle n'est pas fort à mon goût: mais, pour vous faire plaisir, mon père, je me résoudrai à l'épouser, si vous voulez.

HARPAGON.

Moi. Je suis plus raisonnable que tu ne penses, je ne veux point forcer ton inclination.

CLÉANTE.

Pardonnez-moi, je me ferai cet effort pour l'amour de vous.

HARPAGON.

Non, non; un mariage ne saurait être heureux où l'inclination n'est pas.

CLÉANTE.

C'est une chose, mon père, qui peut-être viendra ensuite; et l'on dit que l'amour est souvent un fruit du mariage.

HARPAGON.

Non : du côté de l'homme on ne doit point risquer l'affaire ; et ce sont des suites fâcheuses où je n'ai garde de me commettre. Si tu avais senti quelque inclination pour elle, à la bonne heure ; je te l'aurais fait épouser, au lieu de moi : mais, cela n'étant pas, je suivrai mon premier dessein, et je l'épouserai moi-même.

CLÉANTE.

Hé bien, mon père, puisque les choses sont ainsi, il faut vous découvrir mon cœur, il faut vous révéler notre secret. La vérité est que je l'aime, depuis un jour que je la vis dans une promenade ; que mon dessein était tantôt de vous la demander pour femme ; et que rien ne m'a retenu que la déclaration de vos sentiments, et la crainte de vous déplaire.

HARPAGON.

Lui avez-vous rendu visite ?

CLÉANTE.

Oui, mon père.

HARPAGON.

Beaucoup de fois ?

CLÉANTE.

Assez, pour le temps qu'il y a.

HARPAGON.

Vous a-t-on bien reçu ?

CLÉANTE.

Fort bien, mais sans savoir qui j'étais ; et c'est ce qui a fait tantôt la surprise de Mariane.

HARPAGON.

Lui avez-vous déclaré votre passion, et le dessein où vous étiez de l'épouser ?

CLÉANTE.

Sans doute ; et même j'en avais fait à sa mère quelque peu d'ouverture.

HARPAGON.

A-t-elle écouté pour sa fille votre proposition ?

CLÉANTE.

Oui, fort civilement.

HARPAGON.

Et la fille correspond-elle à votre amour?

CLÉANTE.

Si j'en dois croire les apparences, je me persuade, mon père qu'elle a quelque bonté pour moi.

HARPAGON, *bas, à part.*

Je suis bien aise d'avoir appris un tel secret; et voilà justement ce que je demandais. (*haut.*) Or sus, mon fils, savez-vous ce qu'il y a? C'est qu'il faut songer, s'il vous plaît, à vous défaire de votre amour, à cesser toutes vos poursuites auprès d'une personne que je prétends pour moi, et à vous marier dans peu avec celle qu'on vous destine.

CLÉANTE.

Oui, mon père; c'est ainsi que vous me jouez! Hé bien! puisque les choses en sont venues là, je vous déclare, moi, que je ne quitterai point la passion que j'ai pour Mariane; qu'il n'y a point d'extrémité où je ne m'abandonne pour vous disputer sa conquête; et que, si vous avez pour vous le consentement d'une mère, j'aurai d'autres secours peut-être qui combattront pour moi.

HARPAGON.

Comment, pendard! tu as l'audace d'aller sur mes brisées?

CLÉANTE.

C'est vous qui allez sur les miennes, et je suis le premier en date.

HARPAGON.

Ne suis-je pas ton père? et ne me dois-tu pas respect?

CLÉANTE.

Ce ne sont point ici des choses où les enfants soient obligés de déférer aux pères, et l'amour ne connaît personne.

HARPAGON.

Je te ferai bien me connaître avec de bons coups de bâton.

CLÉANTE.

Toutes vos menaces ne feront rien.

HARPAGON.

Tu renonceras à Mariane.

CLÉANTE.

Point du tout.

HARPAGON.

Donnez-moi un bâton tout à l'heure.

SCENE IV.

HARPAGON, CLÉANTE, MAITRE JACQUES.

Me JACQUES.

Hé, hé, hé! messieurs, qu'est-ce ci? à quoi songez-vous?

CLÉANTE.

Je me moque de cela.

Me JACQUES, *à Cléante.*

Ah! monsieur, doucement.

HARPAGON.

Me parler avec cette impudence!

Me JACQUES, *à Harpagon.*

Ah! monsieur, de grace.

CLÉANTE.

Je n'en démordrai point.

Me JACQUES, *à Cléante.*

Hé quoi! à votre père?

HARPAGON.

Laisse-moi faire.

Me JACQUES, *à Harpagon.*

Hé quoi! à votre fils? Encore passe pour moi.

HARPAGON.

Je te veux faire toi-même, maître Jacques, juge de cette affaire, pour montrer comme j'ai raison.

Me JACQUES.

J'y consens, (*à Cléante*) Eloignez-vous un peu.

HARPAGON.

J'aime une fille que je veux épouser; et le pendard a l'insolence de l'aimer avec moi, et d'y prétendre malgré mes ordres.

Me JACQUES.

Il a tort.

HARPAGON.

N'est-ce pas une chose épouvantable, qu'un fils qui veut entrer en concurrence avec son père? et ne doit-il pas, par respect, s'abstenir de toucher à mes inclinations?

Me JACQUES.

Vous avez raison. Laissez-moi lui parler, et demeurez là.

CLÉANTE, *à maître Jacques qui s'approche de lui.*

Hé bien! oui, puisqu'il veut te choisir pour juge, je n'y recule point; il ne m'importe qui ce soit; et je veux bien aussi m'en rapporter à toi, maître Jacques, de notre différent.

Me JACQUES.

C'est beaucoup d'honneur que vous me faites.

CLÉANTE.

Je suis épris d'une jeune personne qui répond à mes vœux, et reçoit tendrement les offres de ma foi; et mon père s'avise de venir troubler notre amour par la demande qu'il en fait faire.

Me JACQUES.

Il a tort assurément.

CLÉANTE.

N'a-t-il point de honte à son âge de songer à se marier? Lui sied-il bien d'être encore amoureux? et ne devrait-il pas laisser cette occupation aux jeunes gens?

Me JACQUES.

Vous avez raison. Il se moque; laissez-moi lui dire deux mots. (*à Harpagon.*) Hé bien! votre fils n'est pas si étrange que vous le dites, et il se met à la raison : il dit qu'il sait le respect qu'il vous doit, qu'il ne s'est emporté que dans la première chaleur, et qu'il ne fera point refus de se soumettre à ce qui vous plaira, pourvu que vous vouliez le traiter mieux que vous ne faites, et lui donner quelque personne en mariage dont il ait lieu d'être content.

HARPAGON.

Ah! dis-lui, maître Jacques, que, moyennant cela, il pourra espérer toute choses de moi, et que, hors

ACTE IV, SCÈNE IV.

Mariane, je lui laisse la liberté de choisir celle qu'il voudra.

Mᵉ JACQUES.

Laissez-moi faire. (*à Cléante.*) Hé bien! votre père n'est pas si déraisonnable que vous le faites; et il m'a témoigné que ce sont vos emportements qui l'ont mis en colère, et qu'il n'en veut seulement qu'à votre manière d'agir; et qu'il sera fort disposé à vous accorder ce que vous souhaitez, pourvu que vous vouliez vous y prendre par la douceur, et lui rendre les déférences, les respects et les soumissions qu'un fils doit à son père.

CLÉANTE.

Ah! maître Jacques tu peux lui assurer que, s'il m'accorde Mariane, il me verra toujours le plus soumis de tous les hommes, et que jamais je ne ferai aucune chose que par ses volontés.

Mᵉ JACQUES, *à Harpagon.*

Cela est fait; il consent à ce que vous dites.

HARPAGON.

Voilà qui va le mieux du monde.

Mᵉ JACQUES, *à Cléante.*

Tout est conclu; il est content de vos promesses.

CLÉANTE.

Le ciel en soit loué!

Mᵉ JACQUES.

Messieurs, vous n'avez qu'à parler ensemble, vous voilà d'accord maintenant, et vous alliez vous quereller, faute de vous entendre.

CLÉANTE.

Mon pauvre maître Jacques, je te serai obligé toute ma vie.

Mᵉ JACQUES.

Il n'y a pas de quoi, monsieur.

HARPAGON.

Tu m'as fait plaisir, maître Jacques, et cela mérite une récompense. (*Harpagon fouille dans sa poche, Maître Jacques tend la main; mais Harpagon ne tire que son mouchoir en disant:*) Va, je m'en souviendrai, je t'assure.

M° JACQUES.

Je vous baise les mains.

SCENE V.

HARPAGON, CLÉANTE.

CLÉANTE.

Je vous demande pardon, mon père, de l'emportement que j'ai fait paraître.

HARPAGON.

Cela n'est rien.

CLÉANTE.

Je vous assure que j'en ai tous les regrets du monde.

HARPAGON.

Et, moi toutes les joies du monde de te voir raisonnable.

CLÉANTE.

Quelle bonté à vous d'oublier si vite ma faute!

HARPAGON.

On oublie aisément les fautes des enfants lorsqu'ils rentrent dans leur devoir.

CLÉANTE.

Quoi! ne garder aucun ressentiment de toutes mes extravagances!

HARPAGON.

C'est une chose où tu m'obliges par la soumission et le respect où tu te ranges.

CLÉANTE.

Je vous promets, mon père, que, jusqu'au tombeau, je conserverai dans mon cœur le souvenir de vos bontés.

HARPAGON.

Et moi je te promets qu'il n'y aura aucune chose que de moi tu n'obtiennes.

CLÉANTE.

Ah! mon père, je ne vous demande plus rien; et c'est m'avoir assez donné que de me donner Mariane.

HARPAGON.

Comment?

ACTE IV, SCENE V.

CLÉANTE.

Je dis, mon père, que je suis trop content de vous, et que je trouve toutes choses dans la bonté que vous avez de m'accorder Mariane.

HARPAGON.

Qui est-ce qui parle de t'accorder Mariane!

CLÉANTE.

Vous, mon père.

HARPAGON.

Moi?

CLÉANTE.

Sans doute.

HARPAGON.

Comment! c'est toi qui a promis d'y renoncer.

CLÉANTE.

Moi, y renoncer?

HARPAGON.

Oui.

CLÉANTE.

Point du tout.

HARPAGON.

Tu ne t'es pas départi d'y prétendre?

CLÉANTE.

Au contraire, j'y suis porté plus que jamais.

HARPAGON.

Quoi, pendard! derechef?

CLÉANTE.

Rien ne peut me changer.

HARPAGON.

Laisse-moi faire, traître.

CLÉANTE.

Faites tout ce qu'il vous plaira.

HARPAGON.

Je te défends de me jamais voir.

CLÉANTE.

A la bonne heure.

HARPAGON.

Je t'abandonne.

CLÉANTE.

Abandonnez.

HARPAGON.

Je te renonce pour mon fils.

CLÉANTE.

Soit.

HARPAGON.

Je te déshérite.

CLÉANTE.

Tout ce que vous voudrez.

HARPAGON.

Et je te donne ma malédiction.

CLÉANTE.

Je n'ai que faire de vos dons.

SCENE VI.

CLÉANTE, LA FLÈCHE.

LA FLÈCHE, *sortant du jardin avec une cassette.*

Ah! monsieur, que je vous trouve à propos! Suivez moi vite.

CLÉANTE.

Qu'y a-t-il?

LA FLÈCHE.

Suivez-moi, vous dis-je; nous sommes bien.

CLÉANTE.

Comment!

LA FLÈCHE.

Voici votre affaire.

CLÉANTE.

Quoi?

LA FLÈCHE.

J'ai guigné ceci tout le jour.

CLÉANTE.

Qu'est-ce que c'est?

LA FLÈCHE.

Le trésor de votre père, que j'ai attrapé.

CLÉANTE.

Comment as-tu fait?

LA FLÈCHE.

Vous saurez tout. Sauvons-nous, je l'entends crier.

SCENE VII.

HARPAGON, *criant au voleur dès le jardin.*

Au voleur! au voleur! à l'assassin! au meurtrier! Justice, juste ciel! je suis perdu, je suis assassiné; on m'a coupé la gorge, on m'a dérobé mon argent. Qui peut-ce être? Qu'est-il devenu? Où est-il? Où se cache-t-il? Que ferai-je pour le trouver? Où courir? Où ne pas courir? N'est-il point là? N'est-il point ici? Qui est-ce? Arrête. (*à lui même, se prenant par le bras.*) Rends moi mon argent, coquin... Ah? c'est moi... Mon esprit est troublé, et j'ignore où je suis, qui je suis, et ce que je fais. Hélas! mon pauvre argent, mon pauvre argent, mon cher ami, on m'a privé de toi! et puisque tu m'es enlevé, j'ai perdu mon support, ma consolation, ma joie; tout est fini pour moi, et je n'ai plus que faire au monde? Sans toi il m'est impossible de vivre. C'en est fait; je n'en puis plus, je me meurs, je suis mort, je suis enterré. N'y a-t-il personne qui veut me ressusciter, en me rendant mon cher argent, ou en m'apprenant qui l'a pris? Euh! que dites-vous? Ce n'est personne. Il faut, qui que ce soit qui ait fait le coup, qu'avec beaucoup de soin on ait épié l'heure; et l'on a choisi justement le temps que je parlais à mon traître de fils. Sortons. Je veux aller quérir la justice, et faire donner la question à toute ma maison, à servantes, à valets, à fils, à fille, et à moi aussi. Que de gens assemblés! Je ne jette mes regards sur personne qui ne me donne des soupçons, et tout me semble mon voleur. Hé! de quoi est-ce qu'on parle là? de celui qui m'a dérobé? Quel bruit fait-on là-haut? est-ce mon voleur qui y est? De grace, si l'on sait des nouvelles de mon voleur, je supplie que l'on m'en dise. N'est-il point caché là parmi vous? Ils me regardent tous, et se mettent à rire. Vous verrez qu'ils ont part, sans doute, au vol que l'on m'a fait. Allons vite, des commissaires, des archers, des prévôts, des juges, des gênes, des potences et des bourreaux. Je veux faire pendre tout le monde; et, si je ne retrouve mon argent, je me pendrai moi-même après.

FIN DU QUATRIEME ACTE.

ACTE V.

SCENE PREMIÈRE.

HARPAGON, UN COMMISSAIRE.

LE COMMISSAIRE.

Laissez-moi faire, je sais mon métier, dieu merci. Ce n'est pas d'aujourd'hui que je me mêle de découvrir des vols ; et je voudrais avoir autant de sacs de mille francs que j'ai fait pendre de personnes.

HARPAGON.

Tous les magistrats sont intéressés à prendre cette affaire en main ; et, si l'on ne me fait retrouver mon argent, je demanderai justice de la justice.

LE COMMISSAIRE.

Il faut faire toutes les poursuites requises. Vous dites qu'il y avait dans cette cassette...?

HARPAGON.

Dix mille écus bien comptés

LE COMMISSAIRE.

Dix mille écus.

HARPAGON.

Dix mille écus.

LE COMMISSAIRE.

Le vol est considérable.

HARPAGON.

Il n'y a point de supplice assez grand pour l'énormité de ce crime ; et s'il demeure impuni, les choses les plus sacrées ne sont plus en sûreté.

LE COMMISSAIRE.

En quelles espèces était cette somme?

HARPAGON.

En bons louis d'or et pistoles bien trébuchantes.

LE COMMISSAIRE.

Qui soupçonnez-vous de ce vol?

HARPAGON.

Tout le monde; et je veux que vous arrêtiez prisonniers la ville et les faubourgs.

LE COMMISSAIRE.

Il faut, si vous m'en croyez, n'effaroucher personne, et tâcher doucement d'attraper quelques preuves, afin de procéder après, par la rigueur, au recouvrement des deniers qui vous ont été pris.

SCENE II.

HARPAGON, LE COMMISSAIRE, MAÎTRE JACQUES.

M^c JACQUES, *dans le fond du théâtre, en se retournant du côté par lequel il est entré.*

Je m'en vais revenir : qu'on me l'égorge tout-à-l'heure; qu'on me lui fasse griller les pieds; qu'on me le mette dans l'eau bouillante; et qu'on me le pende au plancher.

HARPAGON, *à maître Jacques.*

Qui? celui qui m'a dérobé?

M^c JACQUES.

Je parle d'un cochon de lait que votre intendant me vient d'envoyer, et je veux vous l'accommoder à ma fantaisie.

HARPAGON.

Il n'est pas question de cela, et voilà monsieur à qui il faut parler d'autre chose.

LE COMMISSAIRE, *à maître Jacques.*

Ne vous épouvantez point. Je suis homme à ne vous point scandaliser, et les choses iront dans la douceur.

M^c JACQUES.

Monsieur est de votre souper?

LE COMMISSAIRE.

Il faut ici, mon cher ami, ne rien cacher à votre maître.

M^c JACQUES.

Ma foi, monsieur, je montrerai tout ce que je sais faire, et je vous traiterai du mieux qu'il me sera possible.

HARPAGON.

Ce n'est pas là l'affaire.

M^c JACQUES.

Si je ne vous fais pas aussi bonne chère que voudrais, c'est la faute de monsieur votre intendan qui m'a rogné les ailes avec les ciseaux de son écono mie.

HARPAGON.

Traître! il s'agit d'autre chose que de souper; je veux que tu me dises des nouvelles de l'argen qu'on m'a pris.

Me JACQUES.

On vous a pris de l'argent?

HARPAGON.

Oui, coquin; et je m'en vais te faire pendre si ne me le rends.

LE COMMISSAIRE, *à Harpagon*.

Mon dieu! ne le maltraitez point. Je vois à sa min qu'il est honnête homme, et que, sans se faire mettr en prison, il vous découvrira ce que vous voulez sa voir. Oui, mon ami, si vous nous confessez la chose il ne vous sera fait aucun mal, et vous serez récom pensé comme il faut par votre maître. On lui a pri aujourd'hui son argent, et il n'est pas que vous ne sa chiez quelque nouvelle de cette affaire.

Me JACQUES, *bas, à part*.

Voici justement ce qu'il me faut pour me venge de notre intendant. Depuis qu'il est entré céans, est le favori; on n'écoute que ses conseils; et j'ai auss sur le cœur les coups de bâton de tantôt.

HARPAGON.

Qu'as-tu à ruminer?

LE COMMISSAIRE, *à Harpagon*.

Laissez-le faire. Il se prépare à vous contenter; je vous ai bien dit qu'il était honnête homme.

Me JACQUES.

Monsieur, si vous voulez que je vous dise les choses je crois que c'est monsieur votre cher intendant qu a fait le coup.

ACTE V, SCENE II.

HARPAGON.

Valère?

M^c JACQUES.

Oui.

HARPAGON.

Lui! qui me paraît si fidèle?

M^c JACQUES.

Lui-même. Je crois que c'est lui qui vous a dérobé.

HARPAGON.

Et sur quoi le crois-tu?

M^c JACQUES.

Sur quoi?

HARPAGON.

Oui.

M^c JACQUES.

Je le crois... sur ce que je le crois.

LE COMMISSAIRE.

Mais il est nécessaire de dire les indices que vous avez.

HARPAGON.

L'as-tu vu rôder autour du lieu où j'avais mis mon argent?

M^c JACQUES.

Oui, vraiment. Où était-il, votre argent?

HARPAGON.

Dans le jardin.

M^c JACQUES.

Justement; je l'ai vu rôder dans le jardin. Et dans quoi est-ce que cet argent était?

HARPAGON.

Dans une cassette.

M^c JACQUES.

Voilà l'affaire. Je lui ai vu une cassette.

HARPAGON.

Et cette cassette, comment est-elle faite? Je verrai bien si c'est la mienne.

M^c JACQUES.

Comment elle est faite?

HARPAGON.

Oui.

Me JACQUES.

Elle est faite... Elle est fait comme une cassette.

LE COMMISSAIRE.

Cela s'entend. Mais dépeignez-la un peu, pour voir.

Me JACQUES.

C'est une grande cassette...

HARPAGON.

Celle qu'on m'a volée est petite.

Me JACQUES.

Hé! oui, elle est petite, si l'on le veut prendre par là; mais je l'appelle grande pour ce qu'elle contient.

LE COMMISSAIRE.

Et de quelle couleur est-elle?

Me JACQUES.

De quelle couleur?

LE COMMISSAIRE.

Oui.

Me JACQUES.

Elle est de couleur... là, d'une certaine couleur... Ne sauriez-vous m'aider à dire?

HARPAGON.

Euh?

Me JACQUES.

N'est-elle pas rouge?

HARPAGON.

Non, grise.

Me JACQUES.

Hé! oui, gris-rouge, c'est ce que je voulais dire.

HARPAGON.

Il n'y a point de doute, c'est elle assurément. Ecrivez, monsieur, écrivez sa déposition. Ciel! à qui désormais se fier? il ne faut plus jurer de rien; et je crois, après cela, que je suis homme à me voler moi-même.

Me JACQUES, *à Harpagon.*

Monsieur, le voici qui revient. Ne lui allez pas dire au moins que c'est moi qui ai découvert cela.

SCENE III.

HARPAGON, LE COMMISSAIRE, VALÈRE,
MAÎTRE JACQUES.

HARPAGON.

Approche, viens confesser l'action la plus noire, l'attentat le plus horrible qui jamais ait été commis.

VALÈRE.

Que voulez-vous, monsieur?

HARPAGON.

Comment, traître! tu ne rougis pas de ton crime!

VALÈRE.

De quel crime voulez-vous donc parler?

HARPAGON.

De quel crime je veux parler, infame? comme si tu ne savais pas ce que je veux dire! C'est en vain que tu prétendrais de le déguiser; l'affaire est découverte, et l'on vient de m'apprendre tout. Comment abuser ainsi de ma bonté, et s'introduire exprès chez moi pour me trahir, pour me jouer un tour de cette nature?

VALÈRE.

Monsieur, puisqu'on vous a découvert tout, je ne veux point chercher de détours, et vous nier la chose.

Me JACQUES, *à part.*

Oh! oh! aurais-je deviné sans y penser?

VALÈRE.

C'était mon dessein de vous en parler, et je voulais attendre, pour cela, des conjectures favorables; mais puisqu'il est ainsi, je vous conjure de ne vous point fâcher, et de vouloir entendre mes raisons.

HARPAGON.

Et quelles belles raisons peux-tu me donner, voleur, infame?

VALÈRE.

Ah! monsieur, je n'ai pas mérité ces noms. Il est vrai que j'ai commis une offense envers vous; mais, après tout, ma faute est pardonnable.

HARPAGON.

Comment! pardonnable? un guet-apens, un assassinat de la sorte!

VALÈRE.

De grace, ne vous mettez point en colère. Quand vous m'aurez ouï, vous verrez que le mal n'est pas si grand que vous le faites.

HARPAGON.

Le mal n'est pas si grand que je le fais! Quoi! mon sang, mes entrailles, pendard!

VALÈRE.

Votre sang, monsieur, n'est pas tombé dans de mauvaises mains. Je suis d'une condition à ne lui point faire de tort; il n'y a rien en tout ceci que je ne puisse bien réparer.

HARPAGON.

C'est bien mon intention, et que tu me restitues ce que tu m'as ravi.

VALÈRE.

Votre honneur, monsieur, sera pleinement satisfait.

HARPAGON.

Il n'est pas question d'honneur là-dedans. Mais dis-moi, qui t'a porté à cette action?

VALÈRE.

Hélas! me le demandez-vous?

HARPAGON.

Oui, vraiment, je te le demande.

VALÈRE.

Un dieu qui porte les excuses de tout ce qu'il fait faire: l'Amour.

HARPAGON.

L'Amour!

VALÈRE.

Oui.

HARPAGON.

Bel amour! bel amour, ma foi! l'amour de mes louis d'or!

VALÈRE.

Non, monsieur, ce ne sont point vos richesses qui m'ont tenté, ce n'est pas cela qui m'a ébloui; et je

ACTE V, SCENE III.

proteste de ne rien prétendre à tous vos biens, pourvu que vous me laissiez celui que j'ai.

HARPAGON.

Non ferai, de par tous les diables; je ne te le laisserai pas. Mais voyez quelle insolence, de vouloir retenir le vol qu'il m'a fait!

VALÈRE.

Appelez-vous cela un vol?

HARPAGON.

Si je l'appelle un vol? un trésor comme celui-là!

VALÈRE.

C'est un trésor, il est vrai, et le plus précieux que vous ayez, sans doute; mais ce ne sera pas le perdre que de me le laisser. Je vous le demande à genoux, ce trésor plein de charmes; et, pour bien faire, il faut que vous me l'accordiez.

HARPAGON.

Je n'en ferai rien. Qu'est-ce à dire, cela?

VALÈRE.

Nous nous sommes promis une foi mutuelle, et avons fait serment de ne nous point abandonner.

HARPAGON.

Le serment est admirable, et la promesse plaisante!

VALÈRE.

Oui, nous nous sommes engagés d'être l'un à l'autre à jamais.

HARPAGON.

Je vous en empêcherai bien, je vous assure.

VALÈRE.

Rien que la mort ne nous peut séparer.

HARPAGON.

C'est être bien endiablé après mon argent!

VALÈRE.

Je vous ai déjà dit, monsieur, que ce n'était point l'intérêt qui m'avait poussé à faire ce que j'ai fait. Mon cœur n'a point agi par les ressorts que vous pensez, et un motif plus noble m'a inspiré cette résolution.

HARPAGON.

Vous verrez que c'est par charité chrétienne qu'il veut avoir mon bien! Mais j'y donnerai bon ordre;

et la justice, pendard effronté, me va faire raison de tout.

VALÈRE.

Vous en userez comme vous voudrez, et me voilà prêt à souffrir toutes les violences qu'il vous plaira ; mais je vous prie de croire au moins que, s'il y a du mal, ce n'est que moi qu'il en faut accuser, et que votre fille, en tout ceci, n'est aucunement coupable.

HARPAGON.

Je le crois bien, vraiment : il serait fort étrange que ma fille eût trempé dans ce crime. Mais je veux ravoir mon affaire, et que tu me confesses en quel endroit tu me l'as enlevée.

VALÈRE.

Moi ? je ne l'ai point enlevée ; et elle est encore chez vous.

HARPAGON, *à part*.

O ma chère cassette ! (*haut.*) Elle n'est point sortie de ma maison.

VALÈRE.

Non, monsieur.

HARPAGON.

Hé ! dis-moi un peu ; tu n'y as point touché ?

VALÈRE.

Moi, y toucher ! ah ! vous lui faites tort, aussi bien qu'à moi ; et c'est d'une ardeur toute pure et respectueuse que j'ai brûlé pour elle.

HARPAGON, *à part*.

Brûlé pour ma cassette !

VALÈRE.

J'aimerais mieux mourir que de lui avoir fait paraître aucune pensée offensante ; elle est trop sage et trop honnête pour cela.

HARPAGON, *à part*.

Ma cassette trop honnête !

VALÈRE.

Tous mes désirs se sont bornés à jouir de sa vue, et rien de criminel n'a profané la passion que ses beaux yeux m'ont inspirée.

ACTE V, SCÈNE III.

HARPAGON, *à part.*

Les beaux yeux de ma cassette! Il parle d'elle comme un amant d'une maîtresse.

VALÈRE.

Dame Claude, monsieur sait la vérité de cette aventure, et elle vous peut rendre témoignage...

HARPAGON.

Quoi! ma servante est complice de l'affaire?

VALÈRE.

Oui, monsieur, elle a été témoin de notre engagement; et c'est après avoir connu l'honnêteté de ma flamme, qu'elle m'a aidé à persuader votre fille de me donner sa foi et de recevoir la mienne..

HARPAGON.

Hé! (*à part.*) Est-ce que la peur de la justice le fait extravaguer? (*à Valère.*) Que nous brouilles-tu ici de ma fille?

VALÈRE.

Je dis, monsieur, que j'ai eu toutes les peines du monde à faire consentir sa pudeur à ce que voulait mon amour.

HARPAGON.

La pudeur de qui?

VALÈRE.

De votre fille; et c'est seulement depuis hier qu'elle a pu se résoudre à nous signer mutuellement une promesse de mariage.

HARPAGON.

Ma fille t'a signé une promesse de mariage?

Me JACQUES, *au commissaire.*

Oui, monsieur, comme de ma part je lui en ai signé une.

HARPAGON.

O ciel! autre disgrace!

Me JACQUES, *au commissaire.*

Écrivez, monsieur, écrivez.

VALÈRE.

Rengrègement de mal! surcroît de désespoir! (*au commissaire.*) Allons, monsieur, faites le dû de votre charge, et dressez-lui-moi son procès comme larron et comme suborneur.

M° JACQUES.

Comme larron et comme suborneur.

VALÈRE.

Ce sont des noms qui ne me sont point dus; et quand on saura qui je suis...

SCENE IV.

HARPAGON, ÉLISE, MARIANE, VALÈRE, FROSINE, MAITRE JACQUES, LE COMMISSAIRE.

HARPAGON.

Ah! fille scélérate! fille indigne d'un père comme moi! c'est ainsi que tu pratiques les leçons que je t'ai données? Tu te laisses prendre d'amour pour un voleur infame, et tu lui engages ta foi sans mon consentement! Mais vous serez trompés l'un et l'autre. (*à Elise*) Quatre bonnes murailles me répondront de ta conduite; (*à Valère*) et une bonne potence, pendard effronté, me fera raison de ton audace.

VALÈRE.

Ce ne sera point votre passion qui jugera l'affaire, et l'on m'écoutera au moins avant que de me condamner.

HARPAGON.

Je me suis abusé de dire une potence, et tu seras roué tout vif.

ELISE, *aux genoux d'Harpagon*.

Ah! mon père, prenez des sentiments un peu plus humains, je vous prie, et n'allez point pousser les choses dans les dernières violences du pouvoir paternel. Ne vous laissez point entraîner aux premiers mouvements de votre passion, et donnez-vous le temps de considérer ce que vous voulez faire. Prenez la peine de mieux voir celui dont vous vous offensez. Il est tout autre que vos yeux ne le jugent; et vous trouverez moins étrange que je me sois donnée à lui, lorsque vous saurez que sans lui vous ne m'auriez plus il y a longtemps. Oui, mon père, c'est lui qui me sauva de ce grand péril que vous savez que je courus dans l'eau, et à qui vous devez la vie de cette même fille dont...

HARPAGON.

Tout cela n'est rien; et il valait bien mieux pour moi qu'il te laissât noyer que de faire ce qu'il a fait.

ÉLISE.

Mon père, je vous conjure par l'amour paternel de me...

HARPAGON.

Non, non, je ne veux rien entendre; et il faut que la justice fasse son devoir.

Me JACQUES, *à part*.

Tu me paieras mes coups de bâton!

FROSINE, *à part*.

Voici un étrange embarras!

SCENE V.

ANSELME, HARPAGON, ÉLISE, MARIANE, FROSINE, VALERE, LE COMMISSAIRE, MAITRE JACQUES.

ANSELME.

Qu'est-ce, seigneur Harpagon? je vous vois tout ému.

HARPAGON.

Ah! seigneur Anselme, vous me voyez le plus infortuné de tous les hommes; et voici bien du trouble et du désordre au contrat que vous venez faire. On m'assassine dans le bien, on m'assassine dans l'honneur; et voilà un traître, un scélérat qui a violé tous les droits les plus saints, qui s'est coulé chez moi sous le titre de domestique pour me dérober mon argent et pour me suborner ma fille.

VALÈRE.

Qui songe à votre argent, dont vous me faites un galimatias?

HARPAGON.

Oui, ils se sont donné l'un à l'autre une promesse de mariage. Cet affront vous regarde, seigneur Anselme ; et c'est vous qui devez vous rendre partie contre lui, et faire à vos dépens toutes les poursuites de la justice, pour vous venger de son insolence.

ANSELME.

Ce n'est pas mon dessein de me faire épouser par force et de rien prétendre à un cœur qui se serait donné ; mais, pour vos intérêts, je suis prêt à les embrasser ainsi que les miens propres.

HARPAGON.

Voilà monsieur qui est un honnête commissaire, qui n'oubliera rien, à ce qu'il m'a dit, de la fonction de son office. (*au commissaire, montrant Valère*) Chargez-le comme il faut, monsieur, et rendez les choses bien criminelles.

VALÈRE.

Je ne vois pas quel crime on peut me faire de la passion que j'ai pour votre fille, et le supplice où vous croyez que je puisse être condamné pour notre engagement, lorsqu'on saura ce que je suis.

HARPAGON.

Je me moque de tous ces contes ; et le monde aujourd'hui n'est plein que de ces larrons de noblesse, que de ces imposteurs qui tirent avantage de leur obscurité, et s'habillent insolemment du premier nom illustre qu'ils s'avisent de prendre.

VALÈRE.

Sachez que j'ai le cœur trop bon pour me parer de quelque chose qui ne soit point à moi, et que tout Naples peut rendre témoignage de ma naissance.

ANSELME.

Tout beau ! prenez garde à ce que vous allez dire. Vous risquez ici plus que vous ne pensez ; et vous parlez devant un homme à qui tout Naples est connu, et qui peut aisément voir clair dans l'histoire que vous ferez.

VALÈRE, *en mettant fièrement son chapeau.*

Je ne suis point homme à rien craindre ; et, si Naples vous est connu, vous savez qui était don Thomas d'Alburci.

ANSELME.

Sans doute, je le sais; et peu de gens l'ont connu mieux que moi.

HARPAGON.

Je ne me soucie ni de don Thomas, ni de don Martin.

(*Harpagon voyant deux chandelles allumées en souffle une.*)

ANSELME.

De grace, laissez-le parler; nous verrons ce qu'il en veut dire.

VALÈRE.

Je veux dire que c'est lui qui m'a donné le jour.

ANSELME.

Lui!

VALÈRE.

Oui.

ANSELME.

Allez, vous vous moquez. Cherchez quelque autre histoire qui vous puisse mieux réussir, et ne prétendez pas vous sauver sous cette imposture.

VALÈRE.

Songez à mieux parler. Ce n'est point une imposture, et je n'avance rien qu'il ne me soit aisé de justifier.

ANSELME.

Quoi! vous osez vous dire fils de don Thomas d'Alburci?

VALÈRE.

Oui, je l'ose, et suis prêt de soutenir cette vérité contre qui que ce soit.

ANSELME.

L'audace est merveilleuse! Apprenez, pour vous confondre, qu'il y a seize ans, pour le moins, que l'homme dont vous nous parlez périt sur mer avec ses enfants et sa femme en voulant dérober leur vie aux cruelles persécutions qui ont accompagné les désordres de Naples, et qui en firent exiler plusieurs nobles familles.

VALÈRE.

Oui. Mais apprenez, pour vous confondre, vous, que son fils, âgé de sept ans, avec un domestique, fut sauvé de ce naufrage par un vaisseau espagnol, et que ce fils sauvé est celui qui vous parle. Apprenez que le capitaine de ce vaisseau, touché de mon infortune, prit amitié pour moi; qu'il me fit élever comme son propre fils, et que les armes furent mon emploi dès que je m'en trouvai capable; que j'ai su depuis peu que mon père n'était point mort, comme je l'avais toujours cru; que, passant ici pour l'aller chercher, une aventure par le ciel concertée me fit voir la charmante Elise; que cette vue me rendit esclave de ses beautés, et que la violence de mon amour et les sévérités de son père me firent prendre la résolution de m'introduire dans son logis, et d'envoyer un autre à la quête de mes parents.

ANSELME.

Mais quels témoignages encore, autres que vos paroles, nous peuvent assurer que ce ne soit point une fable que vous ayez bâtie sur une vérité?

VALÈRE.

Le capitaine espagnol, un cachet de rubis qui était à mon père, un bracelet d'agate que ma mère m'avait mis au bras, le vieux Pédro, ce domestique qui se sauva avec moi du naufrage.

MARIANE.

Hélas! vos paroles je puis ici répondre, moi, que vous n'imposez point; et tout ce que vous dites me fait connaître clairement que vous êtes mon frère.

VALÈRE.

Vous ma sœur!

MARIANE.

Oui. Mon cœur s'est ému dès le moment que vous avez ouvert la bouche; et notre mère, que vous allez ravir, m'a mille fois entretenu des disgraces de notre famille. Le ciel ne nous fit point aussi périr dans ce triste naufrage: mais il ne nous sauva la vie que par la perte de notre liberté; et ce furent des corsaires qui nous recueillirent, ma mère et moi, sur un débris de notre vaisseau. Après dix ans d'esclavage, une heureuse fortune nous rendit notre liberté ; et nous retournâmes dans Naples, où nous trouvâmes tout notre bien vendu, sans y pouvoir trouver des nouvelles de notre père. Nous passâmes à Gênes, où ma mère alla ramasser quelques malheureux restes d'une succession qu'on avait déchirée ; et de là, fuyant la barbare injustice de ses parents, elle vint en ces lieux, où elle n'a presque vécu que d'une vie languissante.

ANSELME.

O ciel ! quels sont les traits de ta puissance ! et que tu fais bien voir qu'il n'appartient qu'à toi de faire des miracles ! Embrassez-moi mes enfants, et mêlez tous deux vos transports à ceux de votre père.

VALÈRE.

Vous êtes notre père ?

MARIANE.

C'est vous que ma mère a tant pleuré ?

ANSELME.

Oui, ma fille, oui, mon fils, je suis don Thomas d'Alburci, que le ciel garantit des ondes avec tout l'argent qu'il portait, et qui, vous ayant tous crus morts durant plus de seize ans, se préparait, après de longs voyages, à chercher dans l'hymen d'une douce et sage personne la consolation de quelque nouvelle famille. Le peu de sûreté que j'ai vu pour ma vie à retourner à Naples m'a fait y renoncer pour toujours ; et ayant su trouver moyen d'y faire vendre ce que j'avais, je me suis habitué ici, où, sous le nom d'Anselme, j'ai voulu m'éloigner les chagrins de cet autre nom qui m'a causé tant de traverses.

HARPAGON, à *Anselme.*

C'est là votre fils ?

ANSELME.

Oui.

HARPAGON.

Je vous prends à partie pour me payer dix mille écus qu'il m'a volés.

ANSELME.

Lui, vous avoir volé?

HARPAGON.

Lui-même.

VALÈRE.

Qui vous dit cela?

HARPAGON.

Maître Jacques.

VALÈRE, à maître Jacques.

C'est toi qui le dis?

Me JACQUES.

Vous voyez que je ne dis rien.

HARPAGON.

Oui, voilà monsieur le commissaire qui a reçu sa déposition.

VALÈRE.

Pouvez-vous me croire capable d'une action si lâche?

HARPAGON.

Capable ou non capable, je veux ravoir mon argent.

SCENE VI.

HARPAGON, ANSELME, ELISE, MARIANE, CLEANTE, VALERE, FROSINE, LE COMMISSAIRE, maître JACQUES, LA FLECHE.

CLÉANTE.

Ne vous tonrmentez point, mon père, et n'accusez personne. J'ai découvert des nouvelles de votre affaire; et je viens ici pour vous dire que, si vous voulez vous résoudre à me laisser épouser Mariane, votre argent vous sera rendu.

HARPAGON.

Où est-il?

CLÉANTE.

Ne vous en mettez point en peine. Il est en lieu dont je réponds, et tout ne dépend que de moi. C'est à vous de me dire à quoi vous vous déterminez; et vous pouvez choisir, ou de me donner Mariane, ou de perdre votre cassette.

HARPAGON.

N'en a-t-on rien ôté?

CLÉANTE.

Rien du tout. Voyez si c'est votre dessein de souscrire à ce mariage, et de joindre votre consentement à celui de sa mère, qui lui laisse la liberté de faire un choix entre nous deux.

MARIANE, à *Cléante.*

Mais vous ne savez pas que ce n'est pas assez que ce consentement, et que le ciel, (*montrant Valère*) avec un frère que vous voyez, vient de me rendre un père (*montrant Anselme*) dont vous avez à m'obtenir.

ANSELME.

Le ciel, mes enfants ne me redonne point à vous pour être contraire à vos vœux. Seigneur Harpagon, vous jugez bien que le choix d'une jeune personne tombera sur le fils plutôt que sur le père. Allons, ne vous faites point dire ce qu'il n'est point nécessaire d'entendre; et consentez ainsi que moi à ce double hyménée.

HARPAGON.

Il faut pour me donner conseil que je voie ma cassette.

CLÉANTE.

Vous la verrez saine et entière.

HARPAGON.

Je n'ai point d'argent à donner en mariage à mes enfants.

ANSELME.

Hé bien! j'en ai pour eux; que cela ne vous inquiète point.

HARPAGON.

Vous obligerez-vous à faire tous les frais de ces deux mariages?

ANSELME.

Oui, je m'y oblige. Êtes-vous satisfait?

HARPAGON.

Oui, pourvu que pour les noces vous me fassie faire un habit.

ANSELME.

D'accord. Allons jouir de l'allégresse que cet heureux jour nous présente.

LE COMMISSAIRE.

Holà! messieurs, holà! Tout doucement, s'il vous plaît. Qui me paiera mes écritures.

HARPAGON.

Nous n'avons que faire de vos écritures.

LE COMMISSAIRE.

Oui! mais je ne prétends pas, moi, les avoir faites pour rien.

HARPAGON, *montrant maître Jacques.*

Pour votre paiement, voilà un homme que je vous donne à pendre.

Me JACQUES.

Hélas! comment faut-il donc faire? On me donne des coups de bâton pour dire vrai, et on me veut pendre pour mentir.

ANSELME.

Seigneur Harpagon, il faut lui pardonner cette imposture.

HARPAGON.

Vous paierez donc le commissaire?

ANSELME.

Soit. Allons vite faire part de notre joie à votre mère.

HARPAGON.

Et moi, voir ma chère cassette.

FIN DE L'AVARE.

MONSIEUR DE POURCEAUGNAC,

COMÉDIE-BALLET, EN TROIS ACTES.

1669.

PERSONNAGES DE LA COMÉDIE.

MONSIEUR DE POURCEAUGNAC.
ORONTE, père de Julie.
JULIE, fille d'Oronte.
ERASTE, amant de Julie.
NERINE, femme d'intrigue, feinte Picarde.
LUCETTE, feinte Languedocienne.
SBRIGANI, Napolitain, homme d'intrigue.
PREMIER MEDECIN
SECOND MEDECIN.
UN APOTHICAIRE.
UN PAYSAN,
UNE PAYSANNE.
PREMIER SUISSE.
SECOND SUISSE.
UN EXEMPT.
DEUX ARCHERS.

PERSONNAGES DU BALLET.

UNE MUSICIENNE.
DEUX MUSICIENS.
TROUPE DE DANSEURS.
DEUX MAITRES A DANSER.
DEUX PAGES dansants.
QUATRE CURIEUX DE SPECTACLES, dansants,
DEUX SUISSES dansants.
DEUX MEDECINS GROTESQUES.
MATASSINS, dansants.
DEUX AVOCATS chantants.
DEUX PROCUREURS dansants.
DEUX SERGENTS dansants.
TROUPE DE MASQUES.
UNE EGYPTIENNE chantante.
UN EGYPTIEN chantant.
UN PANTALON chantant.
CHOEUR DE MASQUES chantants.
SAUVAGES dansants.
BISCAYENS dansants.

La scène est à Paris.

MONSIEUR DE POURCEAUGNAC.

ACTE PREMIER.

SCENE PREMIÈRE.

ÉRASTE, UNE MUSICIENNE, DEUX MUSICIENS, CHANTANTS; PLUSIEURS AUTRES, JOUANT DES INSTRUMENTS; TROUPE DE DANSEURS.

ÉRASTE, *aux musiciens et aux danseurs.*
Suivez les ordres que je vous ai donnés pour la sérénade. Pour moi, je me retire, et ne veux point paraître ici.

SCENE II.

UNE MUSICIENNE, DEUX MUSICIENS, CHANTANTS; PLUSIEURS AUTRES, JOUANT DES INSTRUMENTS; TROUPE DE DANSEURS.

Cette sérénade est composée de chants, d'instruments, et de danses. Les paroles qui s'y chantent ont rapport à la situation où Eraste se trouve avec Julie, et expriment les sentiments de deux amants qui sont traversé dans leur amour par le caprice de leurs parents.

UNE MUSICIENNE.
Répands, charmante nuit, répands sur tous les yeux
  De tes pavots la douce violence;
Et ne laisse veiller en ces aimables lieux,
Que les cœurs que l'amour soumet à sa puissance.
  Tes ombres et ton silence,

Plus beaux que le plus beau jour.
Offrent de doux moments à soupirer d'amour.

PREMIER MUSICIEN.

Que soupirer d'amour
Est une douce chose,
Quand rien à nos vœux ne s'oppose !
A d'aimables penchants notre cœur nous dispose ;
Mais on a des tyrans à qui l'on doit le jour.
Que soupirer d'amour
Est une douce chose,
Quand rien à nos vœux ne s'oppose !

SECOND MUSICIEN.

Tout ce qu'à nos vœux on oppose,
Contre un parfait amour ne gagne jamais rien ;
Et, pour vaincre toute chose,
Il ne faut que s'aimer bien.

TOUS TROIS ENSEMBLE.

Aimons-nous donc d'une ardeur éternelle ;
Les rigueurs des parents, la contrainte cruelle,
L'absence, les travaux, la fortune rebelle,
Ne font que redoubler une amitié fidèle.
Aimons-nous donc d'une ardeur éternelle ;
Quand deux cœurs s'aiment bien,
Tout le reste n'est rien.

PREMIÈRE ENTRÉE DE BALLET.

Danse de deux maîtres à danser.

DEUXIEME ENTREE DE BALLET.

Danse de deux pages.

TROISIÈME ENTRÉE DE BALLET.

Quatre curieux de spectacles, qui ont pris querelle pendant la danse des deux pages, dansent en se battant l'épée à la main.

QUATRIEME ENTREE DE BALLET.

Deux Suisses séparent les quatre combattants, et, après les avoir mis d'accord, dansent avec eux.

SCÈNE III.

JULIE, ÉRASTE, NÉRINE.

JULIE.

Mon dieu! Éraste, gardons d'être surpris. Je tremble qu'on ne nous voie ensemble; et tout serait perdu, après la défense que l'on m'a faite.

ÉRASTE.

Je regarde de tous côtés, et je n'aperçois rien.

JULIE, *à Nérine.*

Aie aussi l'œil au guet, Nérine; et prends bien garde qu'il ne vienne personne.

NÉRINE, *se retirant dans le fond du théâtre.*

Reposez-vous sur moi, et dites hardiment ce que vous avez à vous dire.

JULIE.

Avez-vous imaginé pour notre affaire quelque chose de favorable? et croyez-vous, Éraste, pouvoir venir à bout de détourner ce fâcheux mariage que mon père s'est mis en tête.

ÉRASTE.

Au moins y travaillons-nous fortement; et déjà nous avons préparé un bon nombre de batteries pour renverser ce dessein ridicule.

NÉRINE, *accourant à Julie.*

Par ma foi, voilà votre père.

JULIE.

Ah! séparons-nous vite.

NÉRINE.

Non, non, non, ne bougez; je m'étais trompée.

JULIE.

Mon dieu! Nérine, que tu es sotte de nous donner de ces frayeurs.

ÉRASTE.

Oui, belle Julie, nous avons dressé pour cela quantité de machines; et nous ne feignons point de mettre tout en usage, sur la permission que vous m'avez donnée. Ne nous demandez point tous les ressorts que nous ferons jouer, vous en aurez le divertissement; et, comme aux comédies, il est bon de vous laisser le plaisir de la surprise, et de ne vous avertir point de tout ce qu'on vous fera voir : c'est assez de vous dire que nous avons en main divers stratagèmes tout prêts à produire dans l'occasion, et que l'ingénieuse Nérine et l'adroit Sbrigani entreprennent l'affaire.

NÉRINE.

Assurément. Votre père se moque-t-il, de vouloir vous anger de son avocat de Limoges, monsieur de Pourceaugnac, qu'il n'a vu de sa vie, et qui vient par le coche vous enlever, à notre barbe? Faut-il que trois ou quatre mille écus de plus, sur la parole de votre oncle, vous fassent rejeter un amant qui vous agrée? et une personne comme vous est-elle faite pour un Limosin? S'il a envie de se marier, que ne prend-il une Limosine, et ne laisse-t-il en repos les chrétiens? Le seul nom de monsieur de Pourceaugnac m'a mis dans une colère effroyable. J'enrage de monsieur de Pourceaugnac. Quand il n'y aurait que ce nom-là, monsieur de Pourceaugnac, j'y brûlerai mes livres, ou je romprai ce mariage; et vous ne serez point madame de Pourceaugnac. Pourceaugnac! cela se peut-il souffrir? Non, Pourceaugnac est une chose que je ne saurais supporter; et nous lui jouerons tant de pièces, nous lui ferons tant de niches sur niches, que nous renverrons à Limoges monsieur de Pourceaugnac.

ÉRASTE.

Voici notre subtil Napolitain, qui nous dira des nouvelles.

SCENE IV.
JULIE, ÉRASTE, SBRIGANI, NÉRINE.

SÉRIGANI.

Monsieur, votre homme arrive. Je l'ai vu à trois lieues d'ici, où a couché le coche; et, dans la cuisine, où il est descendu pour déjeûner, je l'ai étudié une bonne grosse demi-heure, et je le sais déjà par cœur. Pour sa figure, je ne veux point vous en parler; vous verrez de quel air la nature l'a dessinée, et si l'ajustement qui l'accompagne y répond comme il faut : mais pour son esprit, je vous avertis par-avance qu'il est des plus épais qui se fassent; que nous trouvons en lui une matière tout à fait disposée pour ce que nous voulons, et qu'il est homme enfin à donner dans tous les panneaux qu'on lui présentera.

ÉRASTE.

Nous dis-tu vrai?

SBRIGANI.

Oui, si je me connais en gens.

NÉRINE.

Madame, voilà un illustre. Votre affaire ne pouvait être mise en de meilleures mains, et c'est le héros de notre siècle pour les exploits dont il s'agit; un homme qui vingt fois en sa vie, pour servir ses amis, a généreusement affronté les galères; qui, au péril de ses bras et de ses épaules, sait mettre noblement à fin les aventures les plus difficiles, et qui, tel que vous le voyez, est exilé de son pays pour je ne sais combien d'actions honorables qu'il a généreusement entreprises.

SBRIGANI.

Je suis confus des louanges dont vous m'honorez: et je pourrais vous en donner avec plus de justice sur les merveilles de votre vie, et principalement sur la gloire que vous acquîtes, lorsqu'avec tant d'honnêteté vous pipâtes au jeu, pour douze mille écus, ce jeune seigneur étranger que l'on mena chez vous; lorsque vous fîtes galamment ce faux contrat qui ruina toute une famille; lorsqu'avec tant de grandeur d'âme vous sûtes nier le dépôt qu'on vous avait confié; et que si généreusement on vous vit prêter votre témoignage à faire pendre ces deux personnes qui ne l'avaient pas mérité.

NÉRINE.

Ce sont petites bagatelles qui ne valent pas qu'on en parle; et vos éloges me font rougir.

SBRIGANI.

Je veux bien épargner votre modestie; laissons cela: et, pour commencer notre affaire, allons vite joindre notre provincial, tandis que de votre côté vous nous tiendrez prêts au besoin les autres acteurs de la comédie.

ÉRASTE.

Au moins, madame, souvenez-vous de votre rôle; et, pour mieux couvrir notre jeu, feignez, comme on vous a dit, d'être la plus contente du monde des résolutions de votre père.

JULIE.

S'il ne tient qu'à cela, les choses iront à merveille.

ÉRASTE.

Mais, belle Julie, si toutes nos machines venaient à ne pas réussir?

JULIE.

Je déclarerai à mon père mes véritables sentiments.

ÉRASTE.

Et si, contre vos sentiments, il s'obstinait à son dessein?

JULIE.

Je le menacerais de me jeter dans un couvent.

ÉRASTE.

Mais si malgré tout cela, il voulait vous forcer à ce mariage?

JULIE.

Que voulez-vous que je vous dise?

ÉRASTE.

Ce que je veux que vous me disiez!

JULIE.

Oui.

ÉRASTE.

Ce qu'on dit quand on aime bien.

JULIE.

Mais quoi?

ÉRASTE.

Que rien ne pourra vous contraindre; et que, malgré tous les efforts d'un père, vous me promettez d'être à moi.

JULIE.

Mon dieu ! Éraste, contentez-vous de ce que je fais maintenant; et n'allez point tenter sur l'avenir les résolutions de mon cœur; ne fatiguez point mon devoir par les propositions d'une fâcheuse extrémité dont peut-être n'aurons-nous pas besoin; et, s'il y faut venir, souffrez au moins que j'y sois entraînée par la suite des choses.

ÉRASTE.

Hé bien !...

SBRIGANI.

Ma foi ! voici notre homme ; songeons à nous.

NÉRINE.

Ah ! comme il est bâti !

SCENE V.

M. DE POURCEAUGNAC, SBRIGNANI.

M. DE POURCEAUGNAC, *se retournant du côté d'où il est venu, et parlant à des gens qui le suivent.*

Hé bien ! quoi ? Qu'est-ce ! Qu'y a-t-il ! Au diantre soient la sotte ville et les sottes gens qui y sont ! Ne pouvoir faire un pas, sans trouver des nigauds qui vous regardent et se mettent à rire ! Hé ! messieurs les badauds, faites vos affaires, et laissez passer les personnes sans leur rire au nez. Je me donne au diable, si je ne baille un coup de poing au premier que je verrai rire.

SBRIGANI, *parlant aux mêmes personnes.*

Qu'est-ce que c'est, messieurs ? Que veut dire cela ? A qui en avez-vous ? Faut-il se moquer ainsi des honnêtes étrangers qui arrivent ici ?

M. DE POURCEAUGNAC.

Voilà un homme raisonnable, celui-là.

SBRIGANI.

Quel procédé est le vôtre ! Et qu'avez-vous à rire ?

M. DE POURCEAUGNAC.

Fort bien.

SBRIGANI.

Monsieur a-t-il quelque chose de ridicule en soi ?

M. DE POURCEAUGNAC.

Oui

SBRIGANI.

Est-il autrement que les autres ?

M. DE POURCEAUGNAC.

Suis-je tortu ou bossu ?

SBRIGANI.

Apprenez à connaître les gens.

M. DE POURCEAUGNAC.

C'est bien dit.

SBRIGANI.

Monsieur est d'une mine à respecter.

M. DE POURCEAUGNAC.

Cela est vrai.

SBRIGANI.

Personne de condition.

M. DE POURCEAUGNAC.

Oui, gentilhomme Limosin.

SBRIGANI.

Homme d'esprit.

M DE POURCEAUGNAC.

Qui a étudié en droit.

SBRIGANI.

Il vous fait trop d'honneur de venir dans votre ville.

M. DE POURCEAUGNAC.

Sans doute.

SBRIGANI.

Monsieur n'est point une personne à faire rire.

M. DE POURCEAUGNAC.

Assurément.

SBRIGANI.

Et quiconque rira de lui aura affaire à moi.

M. DE POURCEAUGNAC, *à Sbrigani.*

Monsieur, je vous suis infiniment obligé.

SBRIGANI.

Je suis fâché, monsieur, de voir recevoir de la sorte une personne comme vous, et je vous demande pardon pour la ville.

M. DE POURCEAUGNAC.

Je suis votre serviteur.

SBRIGANI.

Je vous ai vu ce matin, monsieur, avec le coche, lorsque vous avez déjeuné; et la grace avec laquelle vous mangiez votre pain, m'a fait naître d'abord de l'amitié pour vous: et, comme je sais que vous n'êtes jamais venu en ce pays, et que vous y êtes tout neuf, je suis bien aise de vous avoir trouvé pour vous offrir mon service à cette arrivée, et vous aider à vous conduire parmi ce peuple, qui n'a pas, parfois, pour les honnêtes gens, toute la considération qu'il faudrait.

ACTE I, SCENE V.

M. DE POURCEAUGNAC.

C'est trop de grace que vous me faites.

SBRIGANI.

Je vous l'ai déjà dit; du moment que je vous ai vu, je me suis senti pour vous de l'inclination.

M. DE POURCEAUGNAC.

Je vous suis obligé.

SBRIGANI.

Votre physionomie m'a plu.

M. DE POURCEAUGNAC.

Ce m'est beaucoup d'honneur.

SBRIGANI.

J'y ai vu quelque chose d'honnête.

M. DE POURCEAUGNAC.

Je suis votre serviteur.

SBRIGANI.

Quelque chose d'aimable.

M. DE POURCEAUGNAC.

Ah! ah!

SBRIGANI.

De gracieux.

M. DE POURCEAUGNAC.

Ah! ah!

SBRIGANI.

De doux.

M. DE POURCEAUGNAC.

Ah! ah!

SBRIGANI.

De majestueux...

M. DE POURCEAUGNAC.

Ah! ah!

SBRIGANI.

De franc.

M. DE POURCEAUGNAC.

Ah! ah!

SBRIGANI.

Et de cordial.

M. DE POURCEAUGNAC.

Ah! ah!

SBRIGANI.

Je vous assure que je suis tout à vous.

M. DE POURCEAUGNAC.

Je vous ai beaucoup d'obligation.

SBRIGANI.
C'est du fond du cœur que je parle.
M. DE POURCEAUGNAC.
Je le crois.
SBRIGANI.
Si j'avais l'honneur d'être connu de vous, vous sauriez que je suis un homme tout à fait sincère.
M. DE POURCEAUGNAC.
Je n'en doute point.
SBRIGANI.
Ennemi de la fourberie.
M. DE POURCEAUGNAC.
J'en suis persuadé.
SBRIGANI.
Et qui n'est pas capable de déguiser ses sentiments.
M. DE POURCEAUGNAC.
C'est ma pensée.
SBRIGANI.
Vous regardez mon habit, qui n'est pas fait comme les autres ; mais je suis originaire de Naples, à votre service, et j'ai voulu conserver un peu la manière de s'habiller, et la sincérité de mon pays.
M. DE POURCEAUGNAC.
C'est fort bien fait. Pour moi, j'ai voulu me mettre à la mode de la cour pour la campagne.
SBRIGANI.
Ma foi, cela vous va mieux qu'à tous nos courtisans.
M. DE POURCEAUGNAC.
C'est ce que m'a dit mon tailleur. L'habit est propre et riche, et il fera du bruit ici.
SBRIGANI.
Sans doute. N'irez-vous pas au Louvre ?
M. DE POURCEAUGNAG.
Il faudra bien aller faire ma cour.
SBRIGANI.
Le roi sera ravi de vous voir.
M. DE POURCEAUGNAC.
Je le crois.
SBRIGANI.
Avez-vous arrêté un logis ?
M. DE POURCEAUGNAC.
Non ; j'allais en chercher un.

SCENE VI.
ÉRASTE, M. DE POURCEAUGNAC, SBRIGANI.
SBRIGANI.
Je serai bien aise d'être avec vous pour cela, et je connais tout ce pays-ci.
ÉRASTE.
Ah! Qu'est-ce ci? Que vois-je? Quelle heureuse rencontre! Monsieur de Pourceaugnac! Que je suis ravi de vous voir! Comment! il semble que vous ayez peine à me reconnaître!
M. DE POURCEAUGNAC.
Monsieur, je suis votre serviteur.
ÉRASTE.
Est-il possible que cinq ou six années m'aient ôté de votre mémoire, et que vous ne reconnaissiez pas le meilleur ami de toute la famille des Pourceaugnacs?
M. DE POURCEAUGNAC.
Pardonnez-moi. (*bas, à Sbrigani*) Ma foi, je ne sais qui il est.
ÉRASTE.
Il n'y a pas un Pourceaugnac à Limoges que je ne connaisse, depuis le plus grand jusques au plus petit; je ne fréquentais qu'eux dans le temps que j'y étais, et j'avais l'honneur de vous voir presque tous les jours.
M. DE POURCEAUGNAC.
C'est moi qui l'ai reçu, monsieur.
ÉRASTE.
Vous ne vous remettez point mon visage?
M. DE POURCEAUGNAC.
Si fait. (*à Sbrigani*) Je ne le connais point.
ÉRASTE.
Vous ne vous ressouvenez pas que j'ai eu le bonheur de boire avec vous, je ne sais combien de fois?
M. DE POURCEAUGNAC.
Excusez-moi. (*à Sbrigani*) Je ne sais ce que c'est.
ÉRASTE.
Comment appelez-vous ce traiteur de Limoges qui fait si bonne chère?

M. DE POURCEAUGNAC.

Petit-Jean?

ÉRASTE.

Le voilà. Nous allions le plus souvent ensemble chez lui nous réjouir. Comment est-ce que vous nommez à Limoges ce lieu où l'on se promène?

M. DE POURCEAUGNAC.

Le cimetière des Arènes.

ÉRASTE.

Justement. C'est où je passais de si douces heures à jouir de votre agréable conversation. Vous ne vous remettez pas tout cela?

M. DE POURCEAUGNAC.

Excusez-moi; je me le remets. (*à Sbrigani*) Diable emporte si je m'en souviens.

SBRIGANI, *bas, à M. de Pourceaugnac.*

Il y a cent choses comme cela qui passent de la tête.

ÉRASTE.

Embrassez-moi donc, je vous prie, et resserrons les nœuds de notre ancienne amitié.

SBRIGANI, *à M. de Pourceaugnac.*

Voilà un homme qui vous aime fort.

ÉRASTE.

Dites-moi un peu des nouvelles de la parenté. Comment se porte monsieur votre... là... qui est si honnête homme?

M. DE POURCEAUGNAC.

Mon frère le consul?

ÉRASTE.

Oui.

M. DE POURCEAUGNAC.

Il se porte le mieux du monde.

ÉRASTE.

Certes, j'en suis ravi. Et celui qui est de si bonne humeur? Là... monsieur votre...

M. DE POURCEAUGNAC.

Mon cousin l'assesseur?

ÉRASTE.

Justement.

M. DE POURCEAUGNAC.

Toujours gai et gaillard.

ACTE I, SCÈNE VI.

ÉRASTE.

Ma foi, j'en ai beaucoup de joie. Et monsieur votre oncle? Le...

M. DE POURCEAUGNAC.

Je n'ai point d'oncle.

ÉRASTE.

Vous aviez pourtant en ce temps-là...

M. DE POURCEAUGNAC.

Non : rien qu'une tante.

ÉRASTE.

C'est ce que je voulais dire, madame votre tante, comment se porte-t-elle?

M. DE POURCEAUGNAC.

Elle est morte depuis six mois.

ÉRASTE.

Hélas! la pauvre femme! Elle était si bonne personne!

M. DE POURCEAUGNAC.

Nous avons aussi mon neveu le chanoine, qui a pensé mourir de la petite vérole.

ÉRASTE.

Quel dommage c'aurait été!

M. DE POURCEAUGNAC.

Le connaissez-vous aussi?

ÉRASTE.

Vraiment, si je le connais! Un grand garçon bien fait.

M. DE POURCEAUGNAC.

Pas des plus grands.

ÉRASTE.

Non; mais de taille bien prise.

M. DE POURCEAUGNAC.

Hé! oui.

ÉRASTE.

Qui est votre neveu?...

M. DE POURCEAUGNAC.

Oui.

ÉRASTE.

Fils de votre frère ou de votre sœur.

M. DE POURCEAUGNAC.

Justement.

ÉRASTE.

Chanoine de l'église de... Comment l'appelez-vous?

M. DE POURCEAUGNAC.

De Saint-Étienne.

ÉRASTE.

Le voilà ; je ne connais autre.

M. DE POURCEAUGNAC, *à Sbrigani.*

Il dit toute la parenté.

SBRIGANI.

Il vous connait plus que vous ne croyez.

M. DE POURCEAUGNAC.

A ce que je vois, vous avez demeuré longtemps dans notre ville?

ÉRASTE.

Deux ans entiers.

M. DE POUCEAUGNAC.

Vous étiez donc là quand mon cousin l'élu fit tenir son enfant à monsieur notre gouverneur?

ÉRASTE.

Vraiment oui, j'y fus convié des premiers.

M. DE POURCEAUGNAC.

Cela fut galant.

ÉRASTE.

Très galant.

M. DE POURCEAUGNAC.

C'était un repas bien troussé.

ÉRASTE.

Sans doute.

M. DE POURCEAUGNAC.

Vous vîtes donc aussi la querelle que j'eus avec ce gentilhomme Périgordin?

ÉRASTE.

Oui.

M. DE POURCEAUGNAC.

Parbleu! il trouva à qui parler.

ÉRASTE.

Ah! ah!

M. DE POURCEAUGNAC.

Il me donna un soufflet; mais je lui dis bien son fait.

ÉRASTE.

Assurément. Au reste, je ne prétends pas que vous preniez d'autre logis que le mien.

M. DE POURCEAUGNAC.

Je n'ai garde de...

ACTE I, SCENE VI.

ÉRASTE.

Vous moquez-vous? Je ne souffrirai point du tout que mon meilleur ami soit autre part que dans ma maison.

M. DE POURCEAUGNAC.

Ce serait vous...

ÉRASTE.

Non. Le diable m'emporte! vous logerez chez moi.

SBRIGANI, *à M. de Pourceaugnac.*

Puisqu'il le veut obstinément, je vous conseille d'accepter l'offre.

ÉRASTE.

Où sont vos hardes?

M. DE POURCEAUGNAC.

Je les ai laissées avec mon valet où je suis descendu.

ÉRASTE.

Envoyons-les quérir par quelqu'un.

M. DE POURCEAUGNAC.

Non. Je lui ai défendu de bouger, à moins que j'y fusse moi-même, de peur de quelque fourberie.

SBRIGANI.

C'est prudemment avisé.

M. DE POURCEAUGNAC.

Ce pays-ci est un peu sujet à caution.

ÉRASTE.

On voit les gens d'esprit en tout.

SBRIGANI.

Je vais accompagner monsieur, et le ramènerai où vous voudrez.

ÉRASTE.

Oui. Je serai bien aise de donner quelques ordres, et vous n'avez qu'à revenir à cette maison là.

SBRIGANI.

Nous sommes à vous tout à l'heure.

ÉRASTE, *à M. de Pourceaugnac.*

Je vous attends avec impatience.

M. DE POURCEAUGNAC, *à Sbrigani.*

Voilà une connaissance où je ne m'attendais point.

SBRIGANI.

Il a la mine d'être honnête homme.

ÉRASTE, *seul.*

Ma foi, monsieur de Pourceaugnac, nous vous en

donnerons de toutes les façons: les choses sont préparées, et je n'ai qu'à frapper. Holà !

SCÈNE VII.
ÉRASTE, UN APOTHICAIRE.

ÉRASTE.

Je crois, monsieur, que vous êtes le médecin à qui l'on est venu parler de ma part.

L'APOTHICAIRE.

Non, monsieur; ce n'est pas moi qui suis le médecin; à moi n'appartient pas cet honneur; et je ne suis qu'apothicaire; apothicaire indigne, pour vous servir.

ÉRASTE.

Et monsieur le médecin est-il à la maison?

L'APOTHICAIRE.

Oui. Il est là embarrassé à expédier quelques malades ; et je vais lui dire que vous êtes ici.

ÉRASTE.

Non, ne bougez; j'attendrai qu'il ait fait. C'est pour lui remettre entre les mains certain parent que nous avons, dont on lui a parlé, et qui se trouve attaqué de quelque folie, que nous serions bien aise qu'il pût guérir avant que de le marier.

L'APOTHICAIRE.

Je sais ce que c'est, je sais ce que c'est ; et j'étais avec lui quand on lui a parlé de cette affaire. Ma foi, ma foi! vous ne pouviez pas vous adresser à un médecin plus habile. C'est un homme qui sait la médecine à fond, comme je sais ma croix de par Dieu; et qui, quand on devrait crever, ne démordrait pas d'un *iota* des règles des anciens. Oui, il suit toujours le grand chemin, le grand chemin, et ne va pas chercher midi à quatorze heures; et, pour tout l'or du monde, il ne voudrait pas avoir guéri une personne avec d'autres remèdes que ceux que la faculté permet.

ÉRASTE.

Il fait fort bien. Un malade ne doit point vouloir guérir, que la faculté n'y consente.

L'APOTHICAIRE.

Ce n'est pas parce que nous sommes grands amis que j'en parle; mais il y a plaisir d'être son malade: et j'aimerais mieux mourir de ses remèdes, que de

guérir de ceux d'un autre ; car, quoi qu'il puisse arriver, on est assuré que les choses sont toujours dans l'ordre ; et quand on meurt sous sa conduite, vos héritiers n'ont rien à vous reprocher.
ÉRASTE.
C'est une grande consolation pour un défunt !
L'APOTHICAIRE.
Assurément on est bien aise au moins d'être mort méthodiquement. Au reste, il n'est pas de ces médecins qui marchandent les maladies : c'est un homme expéditif, qui aime à dépêcher ses malades ; et expéditif quand on a à mourir, cela se fait avec lui le plus vite du monde.
ÉRASTE.
En effet, il n'est rien tel que de sortir promptement d'affaire.
L'APOTHICAIRE.
Cela est vrai. A quoi bon tant barguigner, et tant tourner autour du pot ? Il faut savoir vitement le court ou le long d'une maladie.
ÉRASTE.
Vous avez raison.
L'APOTHICAIRE.
Voilà déjà trois de mes enfants dont il m'a fait l'honneur de conduire la maladie, qui sont morts en moins de quatre jours, et qui, entre les mains d'un autre, auraient langui plus de trois mois.
ÉRASTE.
Il est bon d'avoir des amis comme cela.
L'APOTHICAIRE.
Sans doute. Il ne me reste plus que deux enfants dont il prend soin comme des siens ; il les traite et gouverne à sa fantaisie, sans que je me mêle de rien ; et le plus souvent quand je reviens de la ville, je suis tout étonné que je les trouve saignés ou purgés par son ordre.
ÉRASTE.
Voilà des soins fort obligeants.
L'APOTHICAIRE.
Le voici, le voici, le voici qui vient.

SCENE VIII.

ÉRASTE, PREMIER MÉDECIN, UN APOTHICAIRE, UN PAYSAN, UNE PAYSANNE.

LE PAYSAN, *au médecin.*

Monsieur, il n'en peut plus; et il dit qu'il sent dans la tête les plus grandes douleurs du monde.

PREMIER MÉDECIN.

Le malade est un sot; d'autant plus que, dans la maladie dont il est attaqué, ce n'est pas la tête, selon Galien, mais la rate, qui lui doit faire mal.

LE PAYSAN.

Quoi que c'en soit, monsieur, il a toujours avec cela son cours de ventre depuis six mois

PREMIER MÉDECIN.

Bon! c'est signe que le dedans se dégage. Je l'irai visiter dans deux ou trois jours : mais s'il mourait avant ce temps là, ne manquez pas de m'en donner avis; car il n'est pas de la civilité qu'un médecin visite un mort.

LA PAYSANNE, *au médecin.*

Mon père, monsieur, est toujours malade de plus en plus.

PREMIER MÉDECIN.

Ce n'est pas ma faute je lui donne des remèdes; que ne guérit-il? Combien a-t-il été saigné de fois?

LA PAYSANNE.

Quinze, monsieur, depuis vingt jours.

PREMIER MÉDECIN.

Quinze fois saigné?

LA PAYSANNE.

Oui.

PREMIER MÉDECIN.

Et il ne guérit point?

LA PAYSANNE.

Non, monsieur.

PREMIER MÉDECIN.

C'est signe que la maladie n'est pas dans le sang. Nous le ferons purger autant de fois, pour voir si elle n'est pas dans les humeurs; et si, rien ne nous réussit, nous l'enverrons aux bains.

L'APOTHICAIRE.
Voilà le fin, cela ; voilà le fin de la médecine.

SCENE IX.

ERASTE, PREMIER MEDECIN, L'APOTHICAIRE.

ÉRASTE, *au médecin.*
C'est moi, monsieur, qui vous ai envoyé parler ces jours passés pour un parent un peu troublé d'esprit que je veux vous donner chez vous, afin, de le guérir avec plus de commodité, et qu'il soit vu de moins de monde.

PREMIER MÉDECIN.
Oui, monsieur ; j'ai déjà disposé tout, et promets d'en avoir tous les soins imaginables.

ÉRASTE.
Le voici.

PREMIER MÉDECIN.
La conjoncture est tout à fait heureuse, et j'ai ici un ancien de mes amis avec lequel je serai bien aise de consulter sa maladie.

SCENE X.

M. DE POURCEAUGNAC, ERASTE, PREMIER MÉDECIN, L'APOTHICAIRE.

ÉRASTE, *à M. de Pourceaugnac.*
Une petite affaire m'est survenue qui m'oblige à vous quitter ; (*montrant le médecin*) mais voilà une personne entre les mains de qui je vous laisse, qui aura soin pour moi de vous traiter du mieux qu'il lui sera possible.

PREMIER MÉDECIN.
Le devoir de ma profession m'y oblige ; et c'est assez que vous me chargiez de ce soin.

M. DE POURCEAUGNAC, *à part.*
C'est son maître-d'hôtel, et il faut que ce soit un homme de qualité.

PREMIER MÉDECIN, *à Éraste.*
Oui, je vous assure que je traiterai monsieur mé-

thodiquement, et dans toutes les régularités de notre art.

M. DE POURCEAUGNAC.

Mon dieu ! il ne faut point tant de cérémonies ; et je ne viens pas ici pour vous incommoder.

PREMIER MÉDECIN.

Un tel emploi ne me donne que de la joie.

ÉRASTE, *au médecin*.

Voilà toujours six pistoles d'avance, en attendant ce que j'ai promis.

M. DE POURCEAUGNAC.

Non, s'il vous plaît, je n'entends pas que vous fassiez de dépense, et que vous envoyiez rien acheter pour moi.

ÉRASTE.

Mon dieu ! laissez faire ; ce n'est pas pour ce que vous pensez.

M. DE POURCEAUGNAC.

Je vous demande de ne me traiter qu'en ami.

ÉRASTE.

C'est ce que je veux faire. (*bas au médecin*) Je vous recommande surtout de ne le point laisser sortir de vos mains ; car parfois il veut s'échapper.

PREMIER MÉDECIN.

Ne vous mettez pas en peine.

ÉRASTE, *à M. de Pourceaugnac*.

Je vous prie de m'excuser de l'incivilité que je commets.

M. DE POURCEAUGNAC.

Vous vous moquez, et c'est trop de grace que vous me faites.

SCENE XI.

M. DE POURCEAUGNAC, PREMIER MÉDECIN, SECOND MÉDECIN, L'APOTHICAIRE.

PREMIER MÉDECIN.

Ce m'est beaucoup d'honneur, monsieur, d'être choisi pour vous rendre service.

M. DE POURCEAUGNAC.

Je suis votre serviteur.

PREMIER MÉDECIN.

Voici un habile homme, mon confrère, avec le-

quel je vais consulter la manière dont nous vous traiterons.
M. DE POURCEAUGNAC.
Il ne faut point tant de façons, vous dis-je ; je suis homme à me contenter de l'ordinaire.
PREMIER MÉDECIN.
Allons des sièges. (*Des laquais entrent et donnent des sièges.*)
M. DE POURCEAUGNAC, *à part.*
Voilà, pour un jeune homme, des domestiques bien lugubres.
PREMIER MÉDECIN.
Allons, monsieur, prenez votre place, monsieur.
(*Les deux médecins font asseoir M. de Pourceaugnac entre eux deux.*)
M. DE POURCEAUGNAC, *s'asseyant.*
Votre très humble valet. (*Les deux médecins lu prennent chacun une main pour lui tâter le pouls.*) Que veut dire cela ?
PREMIER MÉDECIN.
Mangez-vous bien, monsieur ?
M. DE POURCEAUGNAC.
Oui, et bois encore mieux ?
PREMIER MÉDECIN.
Tant pis. Cette grande appétition du froid et de l'humide est une indication de la chaleur et sécheresse qui est au dedans. Dormez-vous fort ?
M. DE POURCEAUGNAC.
Oui, quand j'ai bien soupé.
PREMIER MÉDECIN.
Faites-vous des songes ?
M. DE POURCEAUGNAC.
Quelquefois.
PREMIER MÉDECIN.
De quelle nature sont-ils ?
M. DE POURCEAUGNAC.
De la nature des songes. Quelle diable de conversation est-ce là ?
PREMIER MÉDECIN.
Vos déjections, comment sont-elles ?

M. DE POURCÉAUGNAC.

Ma foi, je ne comprends rien à toutes ces questions; et je veux plutôt boire un coup.

PREMIER MEDECIN.

Un peu de patience : nous allons raisonner sur votre affaire devant vous ; et nous le ferons en français pour être plus intelligibles.

M. DE POURCEAUGNAC.

Quel grand raisonnement faut-il pour manger un morceau ?

PREMIER MEDECIN.

Comme ainsi soit, qu'on ne puisse guérir une maladie qu'on ne la connaisse parfaitement, et qu'on ne la puisse parfaitement connaître sans en bien établir l'idée particulière et la véritable espèce par ses signes diagnostiques et prognostiques, vous me permettrez, monsieur notre ancien, d'entrer en considération de la maladie dont il s'agit, avant que de toucher à la thérapeutique, et aux remèdes qu'il nous conviendra faire pour la parfaite curation d'icelle. Je dis donc, monsieur, avec votre permission, que notre malade ici présent est malheureusement attaqué, affecté, possédé, travaillé de cette sorte de folie que nous nommons fort bien mélancolie hypochondriaque ; espèce de folie très fâcheuse, et qui ne demande pas moins qu'un Esculape comme vous, consommé dans notre art; vous, dis-je, qui avez blanchi, comme on dit, sous le harnais, et auquel il en a tant passé par les mains de toutes les façons. Je l'appelle mélancolie hypochondriaque, pour la distinguer des deux autres; car le célèbre Galien établit doctement, à son ordinaire, trois espèces de cette maladie que nous nommons mélancolie, ainsi appelée non seulement par les Latins, mais encore par les Grecs ; ce qui est bien à remarquer pour notre affaire : la première, qui vient du propre vice du cerveau; la seconde, qui vient de tout le sang fait et rendu atrabilaire ; la troisième, appelée hypochondriaque, qui est la nôtre laquelle procède du vice de quelque partie du bas-ventre, et de la région inférieure, mais particulièrement de la rate, dont la chaleur et l'inflammation portent au cerveau de notre malade beaucoup de fuligines épaisses et crasses dont la vapeur noire et maligne cause dépravation aux fonctions de la faculté princesse, et fait la maladie dont, par notre raisonnement, il est manifestement atteint et convaincu. Qu'ainsi ne soit : pour diagnostic incontestable de ce que je dis, vous n'avez qu'à considérer ce grand sérieux que vous voyez, cette tristesse accompagnée de crainte et de défiance, signes pathognomoniques et individuels de cette maladie, si bien marqués chez le divin vieillard Hippocrate ; cette physionomie, ces yeux rouges et hagards, cette grande barbe, cette habitude du corps menue, grêle, noire, et velue ; lesquels signes le dénotent très affecté de cette maladie procédante du vice des hypochondres ; laquelle maladie, par laps de temps naturalisée, envieillie, habituée, et ayant pris droit de bourgeoisie chez lui, pourrait bien dégénérer ou en manie, ou en phthisie, ou en apoplexie, ou même en fine frénésie et fureur. Tout ceci supposé, puisqu'une maladie bien connue est à demi guérie, car *ignoti nulla est curatio morbi*, il ne vous sera pas difficile de convenir des remèdes que nous devons faire à monsieur. Premièrement, pour remédier à cette pléthore obturante, et à cette cacochymie luxuriante par tout le corps, je suis d'avis qu'il soit phlébotomisé libéralement, c'est à dire que les saignées soient fréquentes et plantureuses, en premier lieu de la basilique, puis de la céphalique, et même, si le mal est opiniâtre, de lui ouvrir la veine du front, et que l'ouverture soit large, afin que le gros sang puisse sortir, et en même temps de le purger, désopiler, et évacuer par purgatifs propres et convenables, c'est à dire par cholagogues, melanogogues, *et cætera*; et comme la véritable source de tout le mal est, ou une humeur crasse et féculente, ou une vapeur noire et grossière qui obscurcit, infecte et salit les esprits animaux, il est à propos ensuite qu'il prenne un bain d'eau pure et nette, avec force petit-lait clair, pour purifier par l'eau la féculence de l'humeur crasse, et éclaircir par le lait clair la noirceur de cette vapeur.

Mais, avant toute chose, je trouve qu'il est bon de le réjouir par agréables conversations, chants et instruments de musique; à quoi il n'y a pas d'inconvénient de joindre des danseurs, afin que leurs mouvements, disposition et agilité, puissent exciter et réveiller la paresse de ses esprits engourdis, qui occasionne l'épaisseur de son sang, d'où procède la maladie. Voilà les remèdes que j'imagine, auxquels pourront être ajoutés beaucoup d'autres meilleurs par monsieur notre maître et ancien, suivant l'expérience, jugement lumière et suffisance qu'il s'est acquis dans notre art. *Dixi.*

SECOND MEDECIN.

A Dieu ne plaise, monsieur, qu'il me tombe en pensée d'ajouter rien à ce que vous venez de dire! Vous avez si bien discouru sur tous les signes, les symptômes et les causes de la maladie de monsieur; le raisonnement que vous en avez fait est si docte et si beau, qu'il est impossible qu'il ne soit pas fou et mélancolique hypochondriaque; et, quand il ne le serait pas, il faudrait qu'il le devînt pour la beauté des choses que vous avez dites et la justesse du raisonnement que vous avez fait. Oui, monsieur, vous avez dépeint fort graphiquement, *graphice depinxisti*, tout ce qui appartient à cette maladie : il ne se peut rien de plus doctement, sagement, ingénieusement conçu, pensé, imaginé, que ce que vous avez prononcé au sujet de ce mal, soit pour la diagnose, ou la prognose, ou la thérapie; et il ne me reste rien ici que de féliciter monsieur d'être tombé entre vos mains, et de lui dire qu'il est trop heureux d'être fou, pour éprouver l'efficace et la douceur des remèdes que vous avez si judicieusement proposés. Je les approuve tous, *manibus et pedibus descendo in tuam sententiam*. Tout ce que j'y voudrais, c'est de faire les saignées et les purgations en nombre impair, *numero deus impare gaudet*; de prendre le lait clair avant le bain; de lui composer un fronteau où il entre du sel, le sel est symbole de la sagesse; de faire blanchir les murailles de sa chambre, pour dissiper les ténèbres de ses esprits, *album est disgregativum visus*; et de lui donner tout à l'heure un petit lavement, pour servir de prélude et d'introduction à ces judicieux remèdes, dont, s'il a à guérir, il doit recevoir du soulagement. Fasse le ciel que ces remèdes, monsieur, qui sont les vôtres, réussissent au malade selon notre intention!

M. DE POURCEAUGNAC.

Messieurs, il y a une heure que je vous écoute. Est-ce que nous jouons ici une comédie?

PREMIER MEDECIN.

Non, monsieur, nous ne jouons point.

M. DE POURCEAUGNAC.

Qu'est-ce que tout ceci? et que voulez-vous dire avec votre galimatias et vos sottises?

PREMIER MEDECIN.

Bon. Dire des injures, voilà un diagnostic qui nous manquait pour la confirmation de son mal; et ceci pourrait bien tourner en manie.

M. DE POURCEAUGNAC, *à part*.

Avec qui m'a-t-on mis ici? (*Il crache deux ou trois fois.*)

PREMIER MEDECIN.

Autre diagnostic : la sputation fréquente.

M. DE POURCEAUGNAC.

Laissons cela, et sortons d'ici.

PREMIER MEDECIN.

Autre encore, l'inquiétude de changer de place.

M. DE POURCEAUGNAC.

Qu'est-ce donc que toute cette affaire? et que me voulez-vous?

PREMIER MEDECIN.

Vous guérir, selon l'ordre qui nous a été donné.

M. DE POURCEAUGNAC.

Me guérir!

PREMIER MEDECIN.

Oui.

M. DE POURCEAUGNAC.

Parbleu! je ne suis pas malade.

PREMIER MEDECIN.

Mauvais signe, lorsqu'un malade ne sent pas son mal.

M. DE POURCEAUGNAC.
Je vous dis que je me porte bien.

PREMIER MEDECIN.
Nous savons mieux que vous comment vous vous portez, et nous sommes médecins qui voyons clair dans votre constitution.

M. DE POURCEAUGNAC.
Si vous êtes médecins, je n'ai que faire de vous, et je me moque de la médecine.

PREMIER MEDECIN.
Hon! hon! voici un homme plus fou que nous ne pensons.

M. DE POURCEAUGNAC.
Mon père et ma mère n'ont jamais voulu de remèdes, et ils sont morts tous deux sans l'assistance des médecins.

PREMIER MEDECIN.
Je ne m'étonne pas s'ils ont engendré un fils qui est insensé. (*au second médecin.*) Allons, procédons à la curation; et par la douceur exhilarante de l'harmonie, adoucissons, lénifions, et accoisons l'aigreur de ses esprits, que je vois prêts à s'enflammer.

SCENE XII.

M. DE POURCEAUGNAC, *seul*.

Que diable est-ce là? Les gens de ce pays-ci sont-ils insensés? Je n'ai jamais rien vu de tel, et je n'y comprends rien du tout.

SCENE XIII.

M. DE POURCEAUGNAC, DEUX MÉDECINS GROTESQUES.

Ils s'asseyent d'abord tous trois; les médecins se lèvent à différentes reprises pour saluer M. de Pourceaugnac, qui se lève autant de fois pour les saluer.

LES DEUX MEDECINS.
Buon dì, buon dì, buon dì.
Non vi lasciate uccidere
Dal dolor malinconico :
Noi vi faremo ridere
Col nostro canto armonico;

Sol' per guarirvi
Siamo venuti qui.
Buon dì, buon dì, buon dì.

PREMIER MÉDECIN.

Altro non è la pazzia
Che malinconia.
Il malato
Non è disperato,
Se vol pigliar un poco d'allegria,
Altro non è la pazzia
Che malinconia.

SECOND MÉDECIN.

Sù, cantate, ballate, ridete ;
E, se far meglio volete,
Quando sentite il deliro vicino,
Pigliate del vino,
E qualche volta un poco di tabac.
Allegramente, monsu Pourceaugnac.

SCENE XIV.

M. DE POURCEAUGNAC, DEUX MÉDECINS GROTESQUES, MATASSINS.

ENTRÉE DE BALLET.

Danse des matassins autour de M. de Pourceaugnac.

SCENE XV.

M. DE POURCEAUGNAC, UN APOTHICAIRE,
tenant une seringue.

L'APOTHICAIRE.

Monsieur, voici un petit remède, un petit remède qu'il vous faut prendre, s'il vous plaît, s'il vous plaît.

M. DE POURCEAUGNAC.

Comment ! je n'ai que faire de cela !

L'APOTHICAIRE.

Il a été ordonné, monsieur, il a été ordonné.

M. DE POURCEAUGNAC.

Ah ! que de bruit !

L'APOTHICAIRE.

Prenez-le, monsieur, prenez-le ; il ne vous fera point de mal, il ne vous fera point de mal.

M. DE POURCEAUGNAC.

Ah!

L'APOTHICAIRE.

C'est un petit clystère, un petit clystère, benin, benin; il est benin, benin; là, prenez, prenez, monsieur; c'est pour déterger, pour déterger, déterger.

SCENE XVI.

M. DE POURCEAUGNAC, UN APOTHICAIRE, LES DEUX MÉDECINS GROTESQUES, ET LES MATASSINS AVEC DES SERINGUES.

LES DEUX MÉDECINS.

Piglialo sù,
Signor monsu;
Piglialo, piglialo, piglialo sù,
Che non ti fara male.
Piglialo sù questo serviziale;
Piglialo sù,
Signor monsu;
Piglialo, piglialo, piglialo sù.

M. DE POURCEAUGNAC.

Allez-vous-en au diable.

(M. de Pourceaugnac, mettant son chapeau pour se garantir des seringues, est suivi par les deux médecins et par les matassins; il passe par derrière le théâtre, et revient se mettre sur sa chaise, auprès de laquelle il trouve l'apothicaire qui l'attendait; les deux médecins et les matassins rentrent aussi.)

LES DEUX MÉDECINS.

Piglialo sù,
Signor monsu;
Piglialo, piglialo, piglialo sù,
Che non ti fara male.
Piglialo sù questo serviziale;
Piglialo sù,
Signor monsu;
Piglialo, piglialo, piglialo sù.

(M. de Pourceaugnac s'enfuit avec la chaise. L'apothicaire appuie sa seringue contre, et les médecins et les matassins le suivent.)

FIN DU PREMIER ACTE.

ACTE II.

SCÈNE PREMIERE.

PREMIER MÉDECIN, SBRIGANI.

PREMIER MÉDECIN.
Il a forcé tous les obstacles que j'avais mis, et s'est dérobé aux remèdes que je commençais de lui faire.

SBRIGANI.
C'est être bien ennemi de soi-même, que de fuir des remèdes aussi salutaires que les vôtres.

PREMIER MÉDECIN.
Marque d'un cerveau démonté, d'une raison dépravé, que de ne vouloir pas guérir.

SBRIGANI.
Vous l'auriez guéri haut la main.

PREMIER MÉDECIN.
Sans doute, quand il y aurait eu complication de douze maladies.

SBRIGANI.
Cependant voilà cinquante pistoles bien acquises qu'il vous fait perdre.

PREMIER MÉDECIN.
Moi, je n'entends point les perdre, et je prétends le guérir en depit qu'il en ait. Il est lié et engagé à mes remèdes; et je veux le faire saisir où je le trouverai, comme déserteur de la médecine et infracteur de mes ordonnances.

SBRIGANI.
Vous avez raison. Vos remèdes étaient un coup sûr, et c'est de l'argent qu'il vous vole.

PREMIER MÉDECIN.
Où puis-je en avoir des nouvelles?

SBRIGANI.
Chez le bon homme Oronte, assurément, dont il

vient épouser la fille, et qui, ne sachant rien de l'infirmité de son gendre futur, voudra peut-être se hâter de conclure le mariage.
PREMIER MÉDECIN.
Je vais lui parler tout à l'heure.
SBRIGANI.
Vous ne ferez point mal.
PREMIER MÉDECIN.
Il est hypothéqué à mes consultations ; et un malade ne se moquera pas d'un médecin.
SBRIGANI.
C'est fort bien dit à vous : et, si vous m'en croyez; vous ne souffrirez point qu'il se marie, que vous ne l'ayez pansé tout votre saoul.
PREMIER MÉDECIN.
Laissez-moi faire.
SBRIGANI, *à part*, *en s'en allant.*
Je vais de mon côté, dresser une autre batterie ; et le beau-père est aussi dupe que le gendre.

SCÈNE II.
ORONTE, PREMIER MÉDECIN.
PREMIER MÉDECIN.
Vous avez, monsieur, un certain monsieur de Pourceaugnac qui doit épouser votre fille.
ORONTE.
Oui; je l'attends de Limoges, et il devrait être arrivé.
PREMIER MÉDECIN.
Aussi l'est-il, et il s'en est fui de chez moi après y avoir été mis : mais je vous défends, de la part de la médecine, de procéder au mariage que vous avez conclu, que je ne l'aie dûment préparé pour cela, et mis en état de procréer des enfants bien conditionnés et de corps et d'esprit.
ORONTE.
Comment donc ?
PREMIER MÉDECIN.
Votre prétendu gendre a été constitué mon malade : sa maladie, qu'on m'a donnée à guérir, est un meuble qui m'appartient, et que je compte entre

mes effets; et je vous déclare que je ne prétends point qu'il se marie, qu'au préalable il n'ait satisfait à la médecine, et subi les remèdes que je lui ai ordonnés.

ORONTE.

Il a quelque mal?

PREMIER MÉDECIN.

Oui.

ORONTE.

Et quel mal, s'il vous plaît?

PREMIER MÉDECIN,

Ne vous en mettez pas en peine.

ORONTE.

Est-ce quelque mal...?

PREMIER MÉDECIN.

Les médecins sont obligés au secret. Il suffit que je vous ordonne, à vous et à votre fille, de ne point célébrer, sans mon consentement vos noces avec lui, sur peine d'encourir la disgrâce de la faculté, et d'être accablés de toutes les maladies qu'il nous plaira.

ORONTE.

Je n'ai garde, si cela est, de faire le mariage.

PREMIER MÉDECIN.

On me l'a mis entre les mains; et il est obligé d'être mon malade.

ORONTE.

A la bonne heure.

PREMIER MÉDECIN.

Il a beau fuir, je le ferai condamner par arrêt à se faire guérir par moi.

ORONTE.

J'y consens.

PREMIER MÉDECIN.

Oui, il faut qu'il crève, ou que je le guérisse.

ORONTE.

Je le veux bien.

PREMIER MÉDECIN.

Et, si je ne le trouve, je m'en prendrai à vous, et je vous guérirai au lieu de lui.

ORONTE.

Je me porte bien.

PREMIER MÉDECIN.

Il n'importe, il me faut un malade; et je prendrai qui je pourrai.

ORONTE.

Prenez qui vous voudrez; mais ce ne sera pas moi. (*seul.*) Voyez un peu la belle raison!

SCENE III.

ORONTE, SBRIGANI, *en marchand flamand.*

SBRIGANI.

Montsir, afec le fôtre permission, je suisse un trancher marchand Flamane qui foudrait bienne fous temandair un petit nouvel.

ORONTE.

Quoi, monsieur?

SBRIGANI.

Mettez le fôtre chapeau sur le tête, montsir, si ve plaît.

ORONTE.

Dites-moi, monsieur, ce que vous voulez.

SBRIGANI.

Moi le dire rien, montsir, si fous le mettre pas le chapeau sur le tête.

ORONTE.

Soit. Qu'y a-t-il, monsieur?

SBRIGANI.

Fous connaître point en sti file un certe montsir Oronte?

ORONTE.

Oui, je le connais.

SBRIGANI.

Et quel homme est-il, montsir, si ve plaît?

ORONTE.

C'est un homme comme les autres.

SBRIGANI.

Je fous temande, montsir, s'il est un homme qui a du bienne?

ORONTE.

Oui.

SBRIGANI.

Mais riche beaucoup grandement, montsir?

ACTE II, SCÈNE III.

ORONTE.

Oui.

SBRIGANI.

J'en suis aise beaucoup, montsir.

ORONTE.

Mais pourquoi cela?

SBRIGANI.

L'est, montsir, pour un petit raisonne de conséquence pour nous.

ORONTE.

Mais encore, pourquoi?

SBRIGANI.

L'est, montsir, que sti montsir Oronte donne son fille en mariage à un certe montsir de Pourcegnac.

ORONTE.

Hé bien?

SBRIGANI.

Et sti montsir de Pourcegnac, montsir, l'est un homme que doivre beaucoup grandement à dix ou douze marchanes flamanes qui être venu ici.

ORONTE.

Ce monsieur de Pourceaugnac doit beaucoup à dix ou douze marchands?

SBRIGANI.

Oui, montsir; et, depuis huite mois, nous afoir obtenir un petit sentence contre lui; et lui à remettre à payer tou ce créanciers de sti mariage que sti montsir Oronte donne pour son fille.

ORONTE.

Hon, hon! il a remis là à payer ses créanciers?

SBRIGANI.

Oui, montsir; et avec un grant défotion nous tous attendre sti mariage.

ORONTE, *à part.*

L'avis n'est pas mauvais. (*haut*) Je vous donne le bon jour.

SBRIGANI.

Je remercie, montsir, de la faveur grande.

ORONTE.

Votre très humble valet.

SBRIGANI.

Je le suis, montsir, obliger plus que beaucoup du bon nouvel que montsir m'afoir donné. (*seul, après avoir ôté sa barbe, et dépouillé l'habit de Flamand qu'il a par dessus le sien.*)

Cela ne va pas mal. Quittons notre ajustement de Flamand, pour songer à d'autres machines ; et tâchons de semer tant de soupçons et de division entre le beau-père et le gendre, que cela rompe le mariage prétendu. Tous deux également sont propres à gober les hameçons qu'on leur veut tendre, et, entre nous autres fourbes de la première classe, nous ne faisons que nous jouer, lorsque nous trouvons un gibier aussi facile que celui-là.

SCENE IV.

MONSIEUR DE POURCEAUGNAC, SBRIGANI.

M. DE POURCEAUGNAC, *se croyant seul.*
Piglialo sù, piglialo sù,
Signor monsu...
Que diable est-ce là? (*apercevant Sbrigani.*) Ah!

SBRIGANI.
Qu'est-ce, monsieur? Qu'avez-vous?

M. DE POURCEAUGNAC.
Tout ce que je vois me semble lavement.

SBRIGANI.
Comment?

M. DE POURCEAUGNAC.
Vous ne savez pas ce qui m'est arrivé dans ce logis à la porte duquel vous m'avez conduit?

SBRIGANI.
Non, vraiment. Qu'est-ce que c'est?

M. DE POURCEAUGNAC.
Je pensais y être régalé comme il faut.

SBRIGANI.
Hé bien?

M. DE POURCEAUGNAC.
Je vous laisse entre les mains de monsieur. Des médecins habillés de noir. Dans une chaise. Tâter le pouls. Comme ainsi soit. Il est fou. Deux gros joufflus. Grands chapeaux, *Buon di, buon di.* Six pantalons. Ta, ra, ta, ta; ta, ra, ta, ta; *Allegramente monsu Pourceaugnac.* Apothicaire. Lavement. Prenez, monsieur; prenez, prenez. Il est benin, benin, benin. C'est pour

ACTE II, SCENE IV.

déterger, pour déterger, déterger. *Piglialo sù, signor monsu; piglialo, piglialo, piglialo sù.* Jamais je n'ai été si saoul de sottises.

SBRIGANI.

Qu'est-ce que tout cela veut dire?

M. DE POURCEAUGNAC

Cela veut dire que cet homme là, avec ses grandes ambrassades, est un fourbe qui m'a mis dans une maison pour se moquer de moi, et me faire une pièce.

SBRIGANI.

Cela est-il possible?

M. DE POURCEAUGNAC.

Sans doute. Ils étaient une douzaine de possédés après mes chausses; et j'ai eu toutes les peines du monde à m'échapper de leurs pattes.

SBRIGANI.

Voyez un peu; les mines sont bien trompeuses! Je l'aurais cru le plus affectionné de vos amis. Voilà un de mes étonnements, comme il est possible qu'il y ait des fourbes comme cela dans le monde.

M. DE POURCEAUGNAC.

Ne sens-je point le lavement? Voyez, je vous prie.

SBRIGANI.

Hé! il y a quelque petite chose qui approche de cela.

M. DE POURCEAUGNAC.

J'ai l'odorat et l'imagination tout remplis de cela; et il me semble toujours que je vois une douzaine de lavements qui me couchent en joue.

SBRIGANI.

Voilà une méchanceté bien grande; et les hommes sont bien traîtres et scélérats!

M. DE POURCEAUGNAC.

Enseignez-moi, de grace, le logis de monsieur Oronte; je suis bien aise d'y aller tout à l'heure.

SBRIGANI.

Ah! ah! vous êtes donc de complexion amoureuse? et vous avez ouï parler que ce monsieur Oronte a une fille?..

M. DE POURCEAUGNAC.

Oui. Je viens l'épouser.

SBRIGANI.

L'é... l'épouser?

M. DE POURCEAUGNAC.

Oui.

SBRIGANI.

En mariage?

M. DE POURCEAUGNAC.

De quelle façon, donc?

SBRIGANI.

Ah! c'est une autre chose; je vous demande pardon.

M. DE POURCEAUGNAC.

Qu'est-ce que cela veut dire?

SBRIGANI.

Rien.

M. DE POURCEAUGNAC.

Mais encore?

SBRIGANI.

Rien, vous dis-je. J'ai un peu parlé trop vite.

M. DE POURCEAUGNAC.

Je vous prie de me dire ce qu'il y a là dessous.

SBRIGANI.

Non : cela n'est pas nécessaire.

M. DE POURCEAUGNAC.

De grace.

SBRIGANI.

Point. Je vous prie de m'en dispenser.

M. DE POURCEAUGNAC.

Est-ce que vous n'êtes point de mes amis?

SBRIGANI.

Si fait. On ne peut pas l'être davantage.

M. DE POURCEAUGNAC.

Vous devez donc ne me rien cacher.

SBRIGANI.

C'est une chose où il y va de l'intérêt du prochain.

M. DE POURCEAUGNAC.

Afin de vous obliger à m'ouvrir votre cœur, voilà une petite bague que je vous prie de garder pour l'amour de moi.

SBRIGANI.

Laissez-moi consulter un peu si je puis le faire en conscience. (*après s'être un peu éloigné de monsieur de Pourceaugnac.*) C'est un homme qui cherche son

ACTE II, SCENE IV.

bien, qui tâche de pourvoir sa fille le plus avantageusement qu'il est possible ; et il ne faut nuire à personne. Ce sont des choses qui sont connues, à la vérité ; mais j'irai les découvrir à un homme qui les ignore, et il est défendu de scandaliser son prochain. Cela est vrai, mais d'autre part voilà un étranger qu'on veut surprendre, et qui, de bonne foi, vient se marier avec une fille qu'il ne connaît pas et qu'il n'a jamais vue ; un gentilhomme plein de franchise, pour qui je me sens de l'inclination, qui me fait l'honneur de me tenir pour son ami, prend confiance en moi, et me donne une bague à garder pour l'amour de lui. (*à M. de Pourceaugnac*) Oui ; je trouve que je puis vous dire les choses sans blesser ma conscience ; mais tâchons de vous les dire le plus doucement qu'il nous sera possible, et d'épargner les gens le plus que nous pourrons. De vous dire que cette fille là mène une vie déshonnête, cela serait un peu trop fort. Cherchons, pour nous expliquer, quelques termes plus doux. Le mot de galante aussi n'est pas assez ; celui de coquette achevée me semble propre à ce que nous voulons, et je m'en puis servir pour vous dire honnêtement ce qu'elle est.

M. DE POURCEAUGNAC.

L'on me veut donc prendre pour dupe ?

SBRIGANI.

Peut-être dans le fond n'y a-t-il pas tant de mal que tout le monde croit ; et puis il y a des gens, après tout, qui se mettent au dessus de ces sortes de choses, et qui ne croient pas que leur honneur dépende...

M. DE POURCEAUGNAC.

Je suis votre serviteur ; je ne me veux point mettre sur la tête un chapeau comme celui-là ; et l'on aime à aller le front levé dans la famille des Pourceaugnacs.

SBRIGANI.

Voilà le père.

M. DE POURCEAUGNAC.

Ce vieillard là ?

SBRIGANI.

Oui. Je me retire.

SCÈNE V.

ORONTE, M. DE POURCEAUGNAC.

M. DE POURCEAUGNAC.
Bon jour, monsieur, bon jour.

ORONTE.
Serviteur, monsieur, serviteur.

M. DE POURCEAUGNAC.
Vous êtes monsieur Oronte, n'est-ce pas?

ORONTE.
Oui.

M. DE POURCEAUGNAC.
Et moi, monsieur de Pourceaugnac.

ORONTE.
A la bonne heure.

M. DE POURCEAUGNAC.
Croyez-vous, monsieur Oronte, que les Limosins soient des sots?

ORONTE.
Croyez-vous, monsieur de Pourceaugnac, que les Parisiens soient des bêtes?

M. DE POURCEAUGNAC.
Vous imaginez-vous, monsieur Oronte, qu'un homme comme moi soit si affamé de femme?

ORONTE.
Vous imaginez-vous, monsieur de Pourceaugnac, qu'une fille comme la mienne soit si affamée de mari?

SCÈNE VI.

M. DE POURCEAUGNAC, JULIE, ORONTE.

JULIE.
On vient de me dire, mon père, que monsieur de Pourceaugnac est arrivé. Ah! le voilà sans doute, et mon cœur me le dit. Qu'il est bien fait! Qu'il a bon air! et que je suis contente d'avoir un tel époux! Souffrez que je l'embrasse, et que je lui témoigne...

ORONTE.
Doucement, ma fille, doucement.

ACTE II, SCENE VI.

M. DE POURCEAUGNAC, *à part.*

Tudieu! Quelle galante! Comme elle prend feu d'abord!

ORONTE.

Je voudrais bien savoir, monsieur de Pourceaugnac, par quelle raison vous venez ...

JULIE *s'approche de M. Pourceaugnac, le regarde d'un air languissant, et lui veut prendre la main.*

Que je suis aise de vous voir! et que je brûle d'impatience!..

ORONTE.

Ah! ma fille! ôtez-vous de là, vous dis-je.

M. DE POURCEAUGNAC, *à part.*

Oh! oh! quelle égrillarde!

ORONTE.

Je voudrais bien, dis-je, savoir par quelle raison, s'il vous plaît, vous avez la hardiesse de...

(*Julie continue le même jeu.*)

M. DE POURCEAUGNAC, *à part.*

Vertu de ma vie!

ORONTE, *à Julie.*

Encore? Qu'est-ce à dire, cela?

JULIE.

Ne voulez-vous pas que je caresse l'époux que vous m'avez choisi?

ORONTE.

Non. Rentrez là-dedans.

JULIE.

Laissez-moi le regarder.

ORONTE.

Rentrez, vous dis-je.

JULIE.

Je veux demeurer là, s'il vous plaît.

ORONTE.

Je ne veux pas, moi; et, si tu ne rentres tout à l'heure, je...

JULIE.

Hé bien! je rentre.

ORONTE.

Ma fille est une sotte, qui ne sait pas les choses.

M. DE POURCEAUGNAC, *à part.*

Comme nous lui plaisons!

ORONTE, *à Julie qui est restée après avoir fait quelques pas pour s'en aller.*

Tu ne veux pas te retirer?

JULIE.

Quand est-ce donc que vous me marierez avec monsieur?

ORONTE.

Jamais; et tu n'es pas pour lui.

JULIE.

Je le veux avoir, moi, puisque vous me l'avez promis.

ORONTE.

Si je te l'ai promis, je te le dépromets.

M. DE POURCEAUGNAC, *à part.*

Elle voudrait bien me tenir.

JULIE.

Vous avez beau faire, nous serons mariés ensemble en dépit de tout le monde.

ORONTE.

Je vous en empêcherai bien tous deux, je vous assure. Voyez un peu quel vertigo lui prend!

SCENE VII.

ORONTE, M. DE POURCEAUGNAC.

M. DE POURCEAUGNAC.

Mon dieu! notre beau-père prétendu, ne vous fatiguez point tant; on n'a pas envie de vous enlever votre fille, et vos grimaces n'attrapperont rien.

ORONTE.

Toutes les vôtres n'auront pas grand effet.

M. DE POURCEAUGNAC.

Vous êtes-vous mis dans la tête que Léonard de Pourceaugnac soit un homme à acheter chat en poche, et qu'il n'ait pas là-dedans quelque morceau de judiciaire pour se conduire, pour se faire informer de l'histoire du monde, et voir, en se mariant, si son honneur a bien toutes ses sûretés?

ORONTE.

Je ne sais pas ce que cela veut dire: mais vous êtes-vous mis dans la tête qu'un homme de soixante et trois ans ait si peu de cervelle, et considère si peu

ACTE II, SCENE VIII.

fille, que de la marier avec un homme qui a ce que vous savez, et qui a été mis chez un médecin pour être pansé?

M. DE POURCEAUGNAC.

C'est une pièce que l'on m'a faite; et je n'ai aucun mal.

ORONTE.

Le médecin me l'a dit lui-même.

M. DE POURCEAUGNAC.

Le médecin en a menti. Je suis gentilhomme, et je le veux voir l'épée à la main.

ORONTE.

Je sais ce que j'en dois croire; et vous ne m'abuserez pas là-dessus, non plus que sur les dettes que vous avez assignées sur le mariage de ma fille.

M. DE POURCEAUGNAC.

Quelles dettes?

ORONTE.

La feinte est ici inutile; j'ai vu le marchand flamand, qui, avec les autres créanciers, a obtenu depuis huit mois sentence contre vous.

M. DE PORCEAUGNAC.

Quel marchand flamand? Quels créanciers? Quelle sentence obtenue contre moi?

ORONTE.

Vous savez bien ce que je veux dire.

SCENE VIII.

M. DE POURCEAUGNAC, ORONTE, LUCETTE.

LUCETTE, *contrefaisant une Languedocienne.*

Ah! tu es assi, et à la fi yeu te trobi après abé fait tant de passés! Podes-tu, scélérat, podes-tu sousteni ma bisto?

M. DE POURCEAUGNAC.

Qu'est-ce que veut cette femme-là?

LUCETTE.

Que te boli, infâme! Tu fas sémblan de nou me pas connouisse, et nou rougisses pas, impudint que tu sios, tu ne rougisses pas de me beyre? (*à Oronte*)

Nou sabi pas, moussur, saquos bous dont m'an dit que bouillo espousa la fillo; may yeu bous déclari que yeu soun sa fenno, et que y a set ans, moussur, qu'en passant à Pézénas, el auguet l'adresse, dambé sas mignardisos, commo sap tabla fayre, de me gagna lou cor, et m'obligel pra quel mouyen à ly douna la main per l'espousa.

ORONTE.

Oh! oh!

M. DE POURCEAUGNAC.

Que diable est-ce ci ?

LUCETTE.

Lou traité me quittel trés ans aprés, sul préteste de qualques affayres que l'apelabon dins soun pays, et despey noun l'y resçau put quaso de noubelo; may dins lou tens qu'y soungeabi lou mens, m'an dounat abist que begnio dins aquesto bilo per se remarida dambé un autro jouena fillo, que sous parens ly an proucurado senssé saupré res de son prumié mariatge. Yeu ai tout quittat en diligensso, et me souy ren- dudo dins aqueste loc lou pu leu qu'ay pouscut, per m'oupousa en aquel criminel mariatge, et con- fondre as elys de tout le mounde lou plus méchant day hommes.

M. DE POURCEAUGNAC.

Voilà une étrange effrontée!

LUCETTE.

Impudint! n'as pas honte de m'injuria, alloc d'être confus day reproches secrets que ta consciensso te deu fayre?

M. DE POURCEAUGNAC.

Moi, je suis votre mari?

LUCETTE.

Infame gausos-tu dire lou contrari? Hé! tu sabes bé, per ma penno, que n'es que trop bertat; et pla- guesso al cel qu'aco nou fougesso pas, et que m'au- quesso layssado dins l'état d'innoussenço, et dins la tranquilitat oun moun amo bibio daban que tous char- mes et ta trounpariés nou m'en benguesson malhu- rousomen re sourty; yeu nou serio pas réduito à

ACTE II, SCENE IX.

fayré lou tristé persounatge que yeu favé présentomen ; à beyre un marit cruel mespresa touto l'ardou que yeu ay per el, et me laissa sensse cap de piétat abandounado à las mourtéles doulous que yeu ressenti de sas perfidos acciûs.

ORONTE.

Je ne saurais m'empêcher de pleurer. (*à M. de Pourceaugnac.*) Allez, vous êtes un méchant homme.

M. DE POURCEAUGNAC.

Je ne connais rien à tout ceci.

SCENE IX.
M. DE POURCEAUGNAC, ORONTE, NÉRINE, LUCETTE.

NÉRINE, *contrefaisant une Picarde.*

Ah! je n'en pis plus, je sis tout essoflée ! Ah ! finfaron, tu m'as bien fait courir : tu ne m'écaperas mie. Justiche, justiche ; je boute empêchement au mariage. (*à Oronte.*) Chés mon méri, monsieur, et je veux faire pindre che bon pindard-là.

M. DE POURCEAUGNAC.

Encore !

ORONTE, *à part.*

Quel diable d'homme est-ce ci?

LUCETTE.

Et que boulez-bous dire, ambé bostre empachomen, et bostro pendarie? Quaquel homo es bostre marit ?

NÉRINE.

Oui, medéme, et je sis sa femme.

LUCETTE.

Aquo es faus, aquos yeu que soun sa fenno, et se deu estre pendut, aquos sera yeu que lou farai penjat.

NÉRINE.

Je n'entains mie che baragoin-là.

LUCETTE.

Yeu bous disi que yeu soun sa fenno.

NÉRINE.

Sa femme?

LUCETTE.

Oy.

NÉRINE.

Je vous dis que chest mi, encore in coup, qui le sis.

LUCETTE.

Et yeu bous sousteni, yeu, qu'aquos yeu.

NÉRINE.

Il y a quetre ans qu'il m'a éposée.

LUCETTE.

Et yeu set ans y a que m'a preso per fenno.

NÉRINE.

J'ai des gairants de tout cho que je di.

LUCETTE.

Tout mon pay lo sap.

NÉRINE.

No ville en est témoin.

LUCETTE.

Tout Pézénas a bist nostre mariatge.

NÉRINE.

Tout Chin-Quentin a assisté à no noche.

LUCETTE.

Non y a res de tant béritable.

NÉRINE.

Il gn'y a rien de plus chertain.

LUCETTE, à *M. de Pourceaugnac*.

Gausos-tu dire lou contrari, valisquos?

NÉRINE, à *M. de Pourceaugnac*.

Est-che que tu démaintiras, méchaint homme?

M. DE POURCEAUGNAC.

Il est aussi vrai l'un que l'autre.

LUCETTE.

Quaingn impudensso! Et coussy, misérable, nou te soubennes plus de la pauro Françon, et del pauré Jeannet, que soun lous fruits de nostre mariatge?

NÉRINE.

Bayez un peu l'insolence! Quoi! tu ne te souviens

mie de chette pauvre ainfain, no petite Madelaine, que tu m'as laichéé pour gaige de ta foi?

M. DE POURCEAUGNAC.

Voilà deux impudentes carognes!

LUCETTE.

Beni, Françon; béni, Jeannet; beni toustou, beni toustoune, beni fayre beyre à un payre dénaturat la duretat qu'el a per nautres.

NÉRINE.

Venez, Madelaine, men aiufain, venez-ves-en ichi faire honte à vo père de l'impudainche qu'il a.

SCENE X.

ORONTE, M. DE POURCEAUGNAC, LUCETTE, NÉRINE, PLUSIEURS ENFANTS.

LES ENFANTS.

Ah! mon papa! mon papa! mon papa!

M. DE POURCEAUGNAC.

Diantre soit des petits fils de putain!

LUCETTE.

Coussy, trayte, tu nou sios pas dins la darnière confusiu de ressaupre à tal tous enfants, et de ferma l'aureillo à la tendresso paternello? Tu nou m'escaperas pas, infame: yeu te boli seguy pertout, et te reproucha ton crime, jusquos à tant que me sio beniado, et que t'ayo fayt penjat, couquy, te boli fayre penjat.

NÉRINE.

Ne rougis-tu mie de dire ches mots là, et d'être insainsible aux cairesses de chette pauvre ainfaint? Tu ne te sauveras mie de mes pattes: et en dépit de tes dains, je ferai bien voir que je sis ta femme, et je te ferai pindre.

LES ENFANTS.

Mon papa! mon papa! mon papa!

M. DE POURCEAUGNAC.

Au secours! au secours! Où fuirai-je? je n'en puis plus.

ORONTE, *à Lucette et à Nérine.*

Allez, vous ferez bien de le faire punir ; et il mérite d'être pendu.

SCENE XI.

SBRIGANI, *seul.*

Je conduis de l'œil toutes choses, et tout ceci ne n pas mal. Nous fatiguerons tant notre provincial, qu'il faudra, ma foi, qu'il déguerpisse.

SCENE XII.

M. DE POURCEAUGNAC, SBRIGANI.

M. DE POURCEAUGNAC.

Ah ! je suis assommé. Quelle peine ! quelle maudite ville ! Assassiné de tous côtés !

SBRIGANI.

Qu'est-ce, monsieur ? Est-il encore arrivé quelque chose ?

M. DE POURCEAUGNAC.

Oui ; il pleut en ce pays des femmes et des lavements.

SBRIGANI.

Comment donc ?

M. DE POURCEAUGNAC.

Deux carognes de baragouineuses me sont venues accuser de les avoir épousées toutes deux, et me menacent de la justice.

SBRIGANI.

Voilà une méchante affaire ; et la justice en ce pays-ci est rigoureuse en diable contre cette sorte de crime.

M. DE POURCEAUGNAC.

Oui ; mais quand il y aurait information, ajournement, décret et jugement obtenu par surprise défaut et contumace, j'ai la voie du conflit de juridiction pour temporiser et venir aux moyens de nullité qui seront dans les procédures.

SBRIGANI.

Voilà en parler dans tous les termes; et l'on voit bien, monsieur, que vous êtes du métier.

M. DE POURCEAUGNAC.

Moi! point du tout; je suis gentilhomme.

SBRIGANI.

Il faut bien, pour parler ainsi, que vous ayez étudié la pratique.

M. DE POURCEAUGNAC.

Point; ce n'est que le sens commun qui me fait juger que je serai toujours reçu à mes frais justificatifs, et qu'on ne me saurait condamner sur une simple accusation, sans un récolement et confrontation avec mes parties.

SBRIGANI.

En voilà de plus fin encore.

M. DE POURCEAUGNAC.

Ces mots-là me viennent sans que je les sache.

SBRIGANI.

Il me semble que le sens commun d'un gentilhomme peut bien aller à concevoir ce qui est du droit et de l'ordre de la justice, mais non pas à savoir les vrais termes de la chicane.

M. DE POURCEAUGNAC.

Ce sont quelques mots que j'ai retenus en lisant les romans.

SBRIGANI.

Ah! fort bien.

M. DE POURCEAUGNAC.

Pour vous montrer que je n'entends rien du tout à la chicane, je vous prie de me mener chez quelque avocat pour consulter mon affaire.

SBRIGANI.

Je le veux, et vais vous conduire chez deux hommes fort habiles: mais j'ai auparavant à vous avertir de n'être point surpris de leur manière de parler; ils ont contracté du barreau certaine habitude de déclamation, qui fait que l'on dirait qu'ils chantent, et vous prendrez pour musique tout ce qu'ils vous diront.

M. DE POURCEAUGNAC.
Qu'importe comme ils parlent, pourvu qu'ils me disent ce que je veux savoir.

SCENE XIII.

M. DE POURCEAUGNAC, SBRIGANI, DEUX AVOCATS, DEUX PROCUREURS, DEUX SERGENTS.

PREMIER AVOCAT, *traînant ses paroles en chantant.*
    La polygamie est un cas,
      Est un cas pendable.

SECOND AVOCAT, *chantant fort vite et bredouillant.*
      Votre fait
      Est clair et net ;
      Et tout le droit,
      Sur cet endroit,
      Conclut tout droit.
Si vous consultez nos auteurs,
Législateurs et glossateurs,
Justinian, Papinian,
Ulpian et Tribonian,
Fernand, Rebuffe, Jean Imole,
Paul Castre, Julian, Barthole,
Jason, Alciat et Cujas
    Ce grand homme si capable,
La polygamie est un cas,
    Est un cas pendable.

ENTRÉE DE BALLET.

Danse de deux procureurs et de deux sergents, pendant que le SECOND AVOCAT chante les paroles qui suivent :

    Tous les peuples policés.
      Et bien sensés,
  Les Français, Anglais, Hollandais,
    Danois, Suédois, Polonais,
  Portugais, Espagnols, Flamands,
    Italiens, Allemands,

ACTE II, SCENE XIII.

Sur ce fait tiennent loi semblable ;
Et l'affaire est sans embarras.
La polygamie est un cas,
Est un cas pendable.

LE PREMIER AVOCAT *chante celles-ci :*
La polygamie est un cas,
Est un cas pendable.

(*M. de Pourceaugnac, impatienté, les chasse.*)

FIN DU SECOND ACTE.

ACTE III.

SCENE PREMIÈRE

ÉRASTE, SBRIGANI.

SBRIGANI.
Oui ; les choses s'acheminent où nous voulons ; et comme ses lumières sont fort petites, et son sens le plus borné du monde, je lui ai fait prendre une frayeur si grande de la sévérité de la justice de ce pays, et des apprêts qu'on fait déjà pour sa mort, qu'il veut prendre la fuite ; et, pour se dérober avec plus de facilité aux gens que je lui ai dit qu'on avait mis pour l'arrêter aux portes de la ville, il s'est résolu à se déguiser, et le déguisement qu'il a pris est l'habit d'une femme.

ÉRASTE.
Je voudrais bien le voir en cet équipage.

SBRIGANI.
Songez de votre part à achever la comédie ; et tandis que je jouerai mes scènes avec lui, allez vous-en. (*Il lui parle à l'oreille.*) Vous entendez bien !

ÉRASTE.
Oui.

SBRIGANI.
Et lorsque je l'aurai mis où je veux... (*Il lui parle à l'oreille.*)

ÉRASTE.
Fort bien.

SBRIGANI.
Et quand le père aura été averti par moi. (*Il lui parle encore à l'oreille.*)

ÉRASTE.
Cela va le mieux du monde.

SBRIGANI.

Voici notre demoiselle. Allez vite qu'il ne nous voie ensemble.

SCENE II.

M. DE POURCEAUGNAC, *en femme*; SBRIGANI.

SBRIGANI.

Pour moi, je ne crois pas qu'en cet état on puisse jamais vous connaître ; et vous avez la mine comme cela d'une femme de condition.

M. DE POURCEAUGNAC.

Voilà qui m'étonne, qu'en ce pays-ci les formes de la justice ne soient point observées.

SBRIGANI.

Oui, je vous l'ai déjà dit, ils commencent ici par faire pendre un homme, et puis il lui font son procès.

M. DE POURCEAUGNAC.

Voilà une justice bien injuste.

SBRIGANI.

Elle est sévère comme tous les diables, particulièrement sur ces sortes de crimes.

M. DE POURCEAUGNAC.

Mais quand on est innocent?

SBRIGANI.

N'importe, ils ne s'enquêtent point de cela : et puis ils ont en cette ville une haine effroyable pour les gens de votre pays ; et ils ne sont pas plus ravis que de voir pendre un Limosin.

M. DE POURCEAUGNAC.

Qu'est-ce que les Limosins leur ont donc fait?

SBRIGANI.

Ce sont des brutaux, ennemis de la gentillesse et du mérite des autres villes. Pour moi, je vous avoue que je suis pour vous dans une peur épouvantable ; et je ne me consolerais de ma vie si vous veniez à être pendu.

M. DE POURCEAUGNAC.

Ce n'est pas tant la peur de la mort qui me fait fuir,

que de ce qu'il est fâcheux à un gentilhomme d'être pendu, et qu'une preuve comme celle-là ferait tort à nos titres de noblesse.

SBRIGANI.

Vous avez raison ; on vous contesterait après cela le titre d'écuyer. Au reste, étudiez-vous, quand je vous mènerai par la main, à bien marcher comme une femme, et à prendre le langage et toutes les manières d'une personne de qualité.

M. DE POURCEAUGNAC.

Laissez-moi faire ; j'ai vu les personnes du bel air. Tout ce qu'il y a, c'est que j'ai un peu de barbe.

SBRIGANI.

Votre barbe n'est rien ; il y a des femmes qui en ont autant que vous. Çà, voyons un peu comme vous ferez. (*après que M. de Pourceaugnac a contrefait la femme de condition*) Bon.

M. DE POURCEAUGNAC.

Allons donc, mon carrosse, où est-ce qu'est mon carrosse ? Mon Dieu ! qu'on est misérable d'avoir des gens comme cela ! Est-ce qu'on me fera attendre toute la journée sur le pavé, et qu'on ne me fera point venir mon carrosse ?

SBRIGANI.

Fort bien.

M. DE POURCEAUGNAC.

Holà ! ho ! cocher, petit laquais. Ah ! petit fripon, que de coups de fouet je vous ferai donner tantôt ! Petit laquais, petit laquais. Où est-ce donc qu'est ce petit laquais, ce petit laquais ne se trouvera-t-il point ? ne me fera-t-on point venir ce petit laquais ? Est-ce que je n'ai point un petit laquais dans le monde ?

SBRIGANI.

Voilà qui va à merveille. Mais je remarque une chose : cette coiffe est un peu trop déliée : j'en vais quérir une plus épaisse, pour vous mieux cacher le visage en cas de quelque rencontre.

M. DE POURCEAUGNAC.

Que deviendrai-je cependant ?

SBRIGANI.

Attendez-moi là, je suis à vous dans un moment; vous n'avez qu'à vous promener.

(*M. de Pourceaugnac fait plusieurs tours sur le théâtre, en continuant à contrefaire la femme de qualité.*)

SCÈNE III.

M. DE POURCEAUGNAC, DEUX SUISSES.

PREMIER SUISSE, *sans voir M. de Pourceaugnac.*

Allons, dépêchons, camerade; li faut allair tous deux nous à la Crève, pour regarter un peu chousticier sti monsiu de Pourcegnac, qui l'a été contané par ortonnance à lêtre pendu par son cou.

SECOND SUISSE, *sans voir M. de Pourceaugnac.*

Li faut nous loër un fenêtre pour foir sti choustice.

PREMIER SUISSE.

Li disent que l'on fait téjà planter un grand potence tout neuve, pour l'y accrocher sti Porcegnac.

SECOND SUISSE.

Li sira, mon foi, un grand plaisir d'y regarter pendre sti Limossin.

PREMIER SUISSE.

Oui, te li foir gambiller les pieds en haut tefant tout le monde.

SECOND SUISSE.

Li est un plaiçant trôle, oui: li disent que s'être marié troy foie.

PREMIER SUISSE.

Sti diable li fouloir trois femmes à ly tout seul; l être bien assez t'une.

SECOND SUISSE, *en apercevant M. de Pourceaugnac.*

A! pon chour, mameselle.

PREMIER SUISSE.

Que faire fous là tout seul?

M. DE POURCEAUGNAC.

J'attends mes gens, messieurs.

SECOND SUISSE.

Li être belle, par mon foi.

M. DE POURCEAUGNAC.

Doucement, messieurs.

PREMIER SUISSE.

Fous, mameselle, fouloir finir rechouir fous à la Crève? Nous faire foir à fous un petit pendement pien choli.

M. DE POURCEAUGNAC.

Je vous rends grace.

SECOND SUISSE.

L'être un gentilhomme limossin, qui sera pendu chentiment à un grand potence.

M. DE POURCEAUGNAC.

Je n'ai pas de curiosité.

PREMIER SUISSE.

Li être un petit teton qui l'est trôle.

M. DE POURCEAUGNAC.

Tout beau.

PREMIER SUISSE.

Mon foi, moi couchair pien afec fous.

M. DE POURCEAUGNAC.

Ah! c'en est trop; et ces sortes d'ordures-là ne se disent point à une femme de ma condition.

SECOND SUISSE.

Laisse, toi; l'être moi qui le veux couchair afec elle.

PREMIER SUISSE.

Moi, ne fouloir pas laisser.

SECOND SUISSE.

Moi, li fouloir moi.

(*Les deux Suisses tirent M. Pourceaugnac avec violence.*)

PREMIER SUISSE.

Moi, ne faire rien.

SECOND SUISSE.

Toi, l'afoir menti.

PREMIER SUISSE.

Toi, l'afoir menti toi-même.

M. DE POURCEAUGNAC.

Au secours! A la force!

SCÈNE IV.

M. DE POURCEAUGNAC, UN EXEMPT, DEUX ARCHERS, DEUX SUISSES.

L'EXEMPT.
Qu'est-ce? Quelle violence est-ce là? Et que voulez-vous faire à madame? Allons, que l'on sorte de là, si vous ne voulez que je vous mette en prison.

PREMIER SUISSE.
Parti, pon, toi ne l'afoir point.

SECOND SUISSE.
Parti, pon aussi, toi ne l'afoir point encore.

SCÈNE V.

M. DE POURCEAUGNAC, UN EXEMPT.

M. DE POURCEAUGNAC.
Je vous suis obligée, monsieur, de m'avoir délivrée de ces insolents.

L'EXEMPT.
Ouais! voilà un visage qui ressemble bien à celui que l'on m'a dépeint.

M. DE POURCEAUGNAC.
Ce n'est pas moi, je vous assure.

L'EXEMPT.
Ah! ah! qu'est-ce que veut dire...?

M. DE POURCEAUGNAC.
Je ne sais pas.

L'EXEMPT.
Pourquoi donc dites-vous cela?

M. DE POURCEAUGNAC.
Pour rien.

L'EXEMPT.
Voilà un discours qui marque quelqu chose; et je vous arrête prisonnier.

M. DE POURCEAUGNAC.
Hé! monsieur, de grace!

L'EXEMPT.
Non, non; à votre mine et à vos discours, il faut

que vous soyez ce monsieur de Pourceaugnac que nous cherchons, qui se soit déguisé de la sorte, et vous viendrez en prison tout à l'heure.

M. DE POURCEAUGNAC.

Hélas!

SCÈNE VI.

M. DE POURCEAUGNAC, SBRIGANI, UN EXEMPT, DEUX ARCHERS.

SBRIGANI, *à M. de Pourceaugnac.*
Ah ciel! que veut dire cela?

M. DE POURCEAUGNAC.
Ils m'ont reconnu.

L'EXEMPT.
Oui, oui; c'est de quoi je suis ravi.

SBRIGANI, *à l'exempt.*
Hé! monsieur, pour l'amour de moi! vous savez que nous sommes amis depuis longtemps; je vous conjure de ne point le mener en prison.

L'EXEMPT.
Non : il m'est impossible.

SBRIGANI.
Vous êtes homme d'accommodement. N'y a-t-il pas moyen d'ajuster cela avec quelques pistoles?

L'EXEMPT, *à ses archers.*
Retirez-vous un peu.

SCÈNE VII.

M. DE POURGEAUGNAC, SBRIGANI, UN EXEMPT.

SBRIGANI, *à M. de Pourceaugnac.*
Il faut lui donner de l'argent pour vous laisser aller. Faites vite.

M. DE POURCEAUGNAC, *donnant de l'argent à Sbrigani.*
Ah! maudite ville!

SBRIGANI.
Tenez, monsieur.

ACTE III, SCÈNE VII.

L'EXEMPT.

Combien y a-t-il?

SBRIGANI.

Un, deux, trois, quatre, cinq, six, sept, huit, neuf, dix.

L'EXEMPT.

Non, mon ordre est trop exprès.

SBRIGANI, à l'exempt qui veut s'en aller.

Mon Dieu! attendez. (à *M. de Pourceaugnac*) Dépêchez, donnez-lui-en encore autant.

M. DE POURCEAUGNAC.

Mais...

SBRIGANI.

Dépêchez-vous, vous dis-je, et ne perdez point de temps. Vous auriez un grand plaisir quand vous seriez pendu!

M. DE POURCEAUGNAC.

Ah! (*Il donne encore de l'argent à Sbrigani.*)

SBRIGANI, à l'exempt.

Tenez, monsieur.

L'EXEMPT, à *Sbrigani*.

Il faut donc que je m'enfuie avec lui; car il n'y aurait point ici de sûreté pour moi. Laissez-le-moi conduire, et ne bougez point d'ici.

SBRIGANI.

Je vous prie donc d'en avoir un grand soin.

L'EXEMPT.

Je vous promets de ne point le quitter que je ne l'aie mis en lieu de sûreté.

M. DE POURCEAUGNAC, à *Sbrigani*.

Adieu. Voilà le seul honnête homme que j'ai trouvé en cette ville.

SBRIGANI.

Ne perdez point de temps. Je vous aime tant, que je voudrais que vous fussiez déjà bien loin. (*seul.*) Que le ciel te conduise! Par ma foi voilà une grande dupe! Mais, voici....

SCENE VIII.
ORONTE, SBRIGANI.

SBRIGANI, *feignant de ne point voir Orgon.*

Ah! quelle étrange aventure! Quelle fâcheuse nouvelle pour un père! Pauvre Oronte que je te plains! Que diras-tu? et de quelle façon pourras-tu supporter cette douleur mortelle?

ORONTE.

Qu'est-ce? Quel malheur me présages-tu?

SBRIGANI.

Ah! monsieur! ce perfide Limosin, ce traître de monsieur de Pourceaugnac vous enlève votre fille!

ORONTE.

Il m'enlève ma fille?

SBRIGANI.

Oui. Elle en est devenue si folle, qu'elle vous quitte pour le suivre; et l'on dit qu'il a un caractère pour se faire aimer de toutes les femmes.

ORONTE.

Allons, vite à la justice. Des archers après eux.

SCENE IX.
ORONTE, ÉRASTE, JULIE, SBRIGANI.

ÉRASTE, *à Julie.*

Allons, vous viendrez malgré vous, et je veux vous remettre entre les mains de votre père. Tenez, monsieur, voilà votre fille que j'ai tirée de force d'entre les mains de l'homme avec qui elle s'enfuyait : non pas pour l'amour d'elle, mais pour votre seule considération. Car, après l'action qu'elle a faite, je dois la mépriser, et me guérir absolument de l'amour que j'avais pour elle.

ORONTE.

Ah! infâme que tu es!

ÉRASTE, *à Julie.*

Comment? me traiter de la sorte après toutes les marques d'amitié que je vous ai données! Je ne vous blâme point de vous être soumise aux volontés de monsieur votre père ; il est sage et judicieux dans les choses qu'il fait ; et je ne me plains point de lui, de m'avoir rejeté pour un autre. S'il a manqué à la parole qu'il m'avait donnée, il a ses raisons pour cela. On lui a fait croire que cet autre est plus riche que moi de quatre à cinq mille écus ; et quatre ou cinq mille écus est un denier considérable, et qui vaut bien la peine qu'un homme manque à sa parole ; mais oublier en un moment toute l'ardeur que je vous ai montrée, vous laisser d'abord enflammer d'amour pour un nouveau venu, et le suivre honteusement, sans le consentement de monsieur votre père, après les crimes qu'on lui impute, c'est une chose condamnée de tout le monde, et dont mon cœur ne peut vous faire d'assez sanglants reproches.

JULIE.

Hé bien ! oui. J'ai conçu de l'amour pour lui, et je l'ai voulu suivre, puisque mon père me l'avait choisi pour époux. Quoi que vous me disiez, c'est un fort honnête homme ; et tous les crimes dont on l'accuse, sont faussetés épouvantables.

ORONTE.

Taisez-vous ; vous êtes une impertinente, et je sais mieux que vous ce qui en est.

JULIE.

Ce sont sans doute, des pièces qu'on lui fait, et c'est peut-être lui (*montrant Éraste*) qui a trouvé cet artifice pour vous en dégoûter.

ÉRASTE.

Moi ! je serais capable de cela !

JULIE.

Oui, vous.

ORONTE.

Taisez-vous, dis-je. Vous êtes une sotte.

ÉRASTE.

Non, non ; ne vous imaginez pas que j'aie aucune envie de détourner ce mariage, et que ce soit ma passion qui m'ait forcé à courir après vous. Je vous l'ai déjà dit, ce n'est que la seule considération que j'ai pour monsieur votre père; et je n'ai pu souffrir qu'un honnête homme comme lui fût exposé à la honte de tous les bruits qui pourraient suivre une action comme la vôtre.

ORONTE.

Je vous suis, seigneur Eraste, infiniment obligé.

ÉRASTE.

Adieu, monsieur. J'avais toutes les ardeurs du monde d'entrer dans votre alliance, j'ai fait tout ce que j'ai pu pour obtenir un tel honneur: mais j'ai été malheureux, et vous ne m'avez pas jugé digne de cette grace. Cela n'empêchera pas que je ne conserve pour vous les sentiments d'estime et de vénération où votre personne m'oblige; et, si je n'ai pu être votre gendre, au moins serai-je éternellement votre serviteur.

ORONTE.

Arrêtez, seigneur Eraste; votre procédé me touche l'ame, et je vous donne ma fille en mariage.

JULIE.

Je ne veux point d'autre mari que monsieur de Pourceaugnac.

ORONTE.

Et je veux, moi, tout à l'heure, que tu prennes le seigneur Eraste. Çà, la main.

JULIE.

Non, je n'en ferai rien.

ORONTE.

Je te donnerai sur les oreilles.

ÉRASTE.

Non, non, monsieur; ne lui faites point de violence, je vous en prie.

ORONTE.

C'est à elle à m'obéir, et je sais me montrer le maître.

ÉRASTE.

Ne voyez-vous pas l'amour qu'elle a pour cet homme-là? et voulez-vous que je possède un corps dont un autre possèdera le cœur?

ORONTE.

C'est un sortilège qu'il lui a donné; et vous verrez

qu'elle changera de sentiment avant qu'il soit peu. Donnez-moi votre main. Allons.
JULIE.
Je ne...
ORONTE.
Ah! que de bruit! Çà, votre main, vous dis-je. Ah! ah! ah!
ÉRASTE, *à Julie.*
Ne croyez point que ce soit pour l'amour de vous que je vous donne la main: ce n'est que monsieur votre père dont je suis amoureux, et c'est lui que j'épouse.
ORONTE.
Je vous suis beaucoup obligé; et j'augmente de dix mille écus le mariage de ma fille. Allons, qu'on fasse venir le notaire pour dresser le contrat.
ÉRASTE.
En attendant qu'il vienne, nous pouvons jouir du divertissement de la saison, et faire entrer les masques que le bruit des noces de monsieur de Pourceaugnac a attirés ici de tous les endroits de la ville.

SCENE X.
TROUPE DE MASQUES DANSANTS ET CHANTANTS.

UN MASQUE, *en Égyptienne.*
Sortez, sortez de ces lieux,
Soucis, Chagrins, et Tristesse;
Venez, venez, Ris et Jeux,
Plaisirs, Amours et Tendresse.
Ne songeons qu'à nous réjouir,
La grande affaire est le plaisir.

CHOEUR DE MASQUES *chantant.*
Ne songeons qu'à nous réjouir,
La grande affaire est le plaisir.

L'ÉGYPTIENNE.
A me suivre tous ici
Votre ardeur est trop commune;
Et vous êtes en souci
De votre bonne fortune :

Soyez toujours amoureux,
C'est le moyen d'être heureux.
UN MASQUE, *en Égyptien.*
Aimons jusques au trépas,
La raison nous y convie.
Hélas! si l'on n'aimait pas,
Que serait-ce de la vie?
Ah! perdons plutôt le jour
Que de perdre notre amour.

L'ÉGYPTIEN.
Les biens,

L'ÉGYPTIENNE.
La gloire,

L'ÉGYPTIEN.
Les grandeurs,

L'ÉGYPTIENNE.
Les sceptres qui font tant d'envie,

L'ÉGYPTIEN.
Tout n'est rien, si l'amour n'y mêle ses ardeurs.

L'ÉGYPTIENNE.
Il n'est point, sans l'amour, de plaisirs dans la vie.

TOUS DEUX ENSEMBLE.
Soyons toujours amoureux,
C'est le moyen d'être heureux.

CHOEUR.
Sus, sus, chantons tous ensemble,
Dansons, sautons, jouons-nous.

UN MASQUE, *en pantalon.*
Lorsque pour rire on s'assemble,
Les plus sages, ce me semble,
Sont ceux qui sont les plus fous.

TOUS ENSEMBLE.
Ne songeons qu'à nous réjouir,
La grande affaire est le plaisir.

PREMIÈRE ENTRÉE DE BALLET.
Danse de sauvages.

SECONDE ENTRÉE DE BALLET.
Danse de Biscayens.

FIN DE M. DE POURCEAUGNAC.

LES AMANTS
MAGNIFIQUES,

COMÉDIE BALLET EN CINQ ACTES.

1670.

AVANT PROPOS.

Le roi, qui ne voit que des choses extraordinaires dans tout ce qu'il entreprend, s'est proposé de donner à sa cour un divertissement qui fût composé de tous ceux que le théâtre peut fournir; et, pour embrasser cette idée, et enchaîner ensemble tant de choses déréglées, Sa Majesté a choisi pour sujet deux princes rivaux, qui, dans le champêtre séjour de la vallée de Tempé où l'on doit célébrer la fête des jeux Pythiens, régalent à l'envi une jeune princesse et sa mère, de toutes les galanteries dont ils se peuvent aviser.

PERSONNAGES DE LA COMEDIE.

ARISTIONE, princesse, mère d'Eriphile.
ERIPHILE, fille de la princesse.
IPHICRATE, prince, amant d'Eriphile.
TIMOCLÈS, prince, amant d'Eriphile.
SOSTRATE, général d'armée, amant d'Eriphile.
CLEONICE, confidente d'Eriphile.
ANAXARQUE, astrologue.
CLEON, fils d'Anaxarque.
CHOREBE, de la suite d'Aristione.
CLITIDAS, plaisant de cour, de la suite d'Eriphile.
UNE FAUSSE VÉNUS, d'intelligence avec Anaxarque.

PERSONNAGES DES INTERMEDES.

PREMIER INTERMEDE.

EOLE.
TRITONS, chantants.
FLEUVES, chantants.
AMOURS, chantants.
PÊCHEURS DE CORAIL, dansants.
NEPTUNE.
SIX DIEUX MARINS, dansants.

SECOND INTERMEDE.

TROIS PANTOMIMES, dansants.

TROISIEME INTERMEDE.

LA NYMPHE DE LA VALLEE DE TEMPÉ.

PERSONNAGES DE LA PASTORALE EN MUSIQUE.

TIRCIS, berger amant de Caliste.
CALISTE, bergère.

LICASTE, berger, ami de Tircis.
MENANDRE, berger, ami de Tircis.
PREMIER SATYRE, amant de Caliste.
SECOND SATYRE, amant de Caliste.
SIX DRYADES, dansantes.
SIX FAUNES, dansants.
CLIMENE, bergère.
PHILINTE, berger.
TROIS PETITES DRYADES, dansantes.
TROIS PETITS FAUNES, dansants.

QUATRIEME INTERMEDE.

HUIT STATUES qui dansent.

CINQUIEME INTERMEDE.

QUATRE PANTOMIMES, dansants.

SIXIEME INTERMEDE.

Fête des jeux Pythiens.

LA PRÊTRESSE
DEUX SACRIFICATEURS, chantants.
SIX MINISTRES DU SACRIFICE, portant des haches, dansants.
CHOEUR DE PEUPLES.
SIX VOLTIGEURS, sautant sur des chevaux de bois.
QUATRE CONDUCTEURS D'ESCLAVES, dansants.
HUIT ESCLAVES dansants.
QUATRE HOMMES armés à la grecque.
QUATRE FEMMES armées à la grecque.
UN HERAULT.
SIX TROMPETTES.
UN TIMBALIER.
APOLLON.
SUIVANTS D'APOLLON, dansants.

La scène est en Thessalie dans la vallée de Tempé.

LES AMANTS
MAGNIFIQUES.

PREMIER INTERMÈDE.

Le théâtre représente une vaste mer, bordée de chaque côté de quatre grands rochers dont le sommet de chacun porte un fleuve appuyé sur une urne. Au pied de ces rochers sont douze tritons, et, dans le milieu de la mer, quatre Amours sur des dauphins : Éole est élevé au dessus des ondes sur un nuage.

SCENE PREMIÈRE.

ÉOLE, FLEUVES, TRITONS, AMOURS.

ÉOLE.
Vents, qui troublez les plus beaux jours,
Rentrez dans vos grottes profondes ;
Et laissez régner sur les ondes
Les zéphyrs et les amours.

SECNE II.

La mer se calme et du milieu des ondes, on voit s'élever une ville. Huit pêcheurs sortent du fond de la mer avec des nacres des perles et des branches de corail.

ÉOLE, FLEUVES, TRITONS, AMOURS,
PECHEURS DE CORAIL.

UN TRITON.
Quels beaux yeux ont percé nos demeures humides?
Venez, venez, Tritons ; cachez-vous, Néréides.

CHOEUR DE TRITONS.
Allons tous au devant de ces divinités ;
Et rendons, par nos chants, hommage à leurs beautés.

UN AMOUR.
Ah! que ces princesses sont belles!
UN AUTRE AMOUR.
Quels sont les cœurs qui ne s'y rendraient pas?
UN AUTRE AMOUR.
La plus belle des immortelles,
Notre mère a bien moins d'appas.
CHOEUR.
Allons tous au-devant de ces divinités;
Et rendons, par nos chants, hommage à leurs beautés.

PREMIERE ENTRÉE DE BALLET.

Les pêcheurs forment une danse, après laquelle ils vont se placer chacun sur un rocher au dessous d'un fleuve.

UN TRITON.
Quel noble spectacle s'avance?
Neptune le grand dieu, Neptune, avec sa cour,
Vient honorer ce beau séjour
De son auguste présence.
CHOEUR.
Redoublons nos concerts;
Et faisons retentir dans le vague des airs
Notre réjouissance.

SCENE III.

NEPTUNE, DIEUX MARINS, ÉOLE, TRITONS, FLEUVES, AMOURS, PECHEURS.

DEUXIEME ENTRÉE DE BALLET.

Neptune danse avec sa suite. Les tritons, les fleuves et les pêcheurs accompagnent ses pas de gestes différents, et de bruits de conques de perles.

FIN DU PREMIER INTERMEDE.

Vers pour LE ROI représentant Neptune.

Le ciel, entre les dieux les plus considérés,
Me donne pour partage un rang considérable,
Et, me faisant régner sur les flots azurés,
Rend à tout l'univers mon pouvoir redoutable.

Il n'est aucune terre, à me bien regarder,
Qui ne doive trembler que je ne m'y répande ;
Point d'états qu'à l'instant je ne puisse inonder
Des flots impétueux que mon pouvoir commande.

Rien n'en peut arrêter le fier débordement ;
Et d'une triple digue à leur force opposée
On les verrait forcer le ferme empêchement,
Et se faire en tous lieux une ouverture aisée.

Mais je sais retenir la fureur de ces flots
Par la sage équité du pouvoir que j'exerce,
Et laisser en tous lieux, au gré des matelots,
La douce liberté d'un paisible commerce.

On trouve des écueils parfois dans mes états ;
On voit quelques vaisseaux y périr par l'orage ;
Mais contre ma puissance on n'en murmure pas,
Et chez moi la vertu ne fait jamais naufrage.

Pour M. LE GRAND, représentant un dieu marin.

L'empire où nous vivons est fertile en trésors,
Tous les mortels en foule accourent sur ses bords ;
Et, pour faire bientôt une haute fortune,
Il ne faut rien qu'avoir la faveur de Neptune.

Pour le marquis DE VILLEROI, représentant un dieu marin.

Sur la foi de ce dieu de l'empire flottant,
On peut bien s'embarquer avec toute assurance:
  Les flots ont de l'inconstance,
  Mais le Neptune est constant.

Pour le marquis DE RASSENT, représentant un dieu marin.

Voguez sur cette mer d'un zèle inébranlable;
C'est le moyen d'avoir Neptune favorable.

ACTE PREMIER.

SCÈNE PREMIÈRE.
SOSTRATE, CLITIDAS.

CLITIDAS, *à part.*
Il est attaché à ses pensées.
SOSTRATE, *se croyant seul.*
Non, Sostrate, je ne vois rien où tu puisses avoir recours; et tes maux sont d'une nature à ne te laisser nulle espérance d'en sortir.
CLITIDAS, *à part.*
Il raisonne tout seul.
SOSTRATE, *se croyant seul.*
Hélas!
CLITIDAS, *à part.*
Voilà des soupirs qui veulent dire quelque chose, et ma conjecture se trouvera véritable.
SOSTRATE, *se croyant seul.*
Sur quelles chimères, dis-moi, pourrais-tu bâtir quelque espoir? et que peux-tu envisager, que l'affreuse longueur d'une vie malheureuse, et des ennuis à ne finir que par la mort?
CLITIDAS, *à part.*
Cette tête-là est plus embarrassée que la mienne.
SOSTRATE.
Ah! mon cœur! ah! mon cœur! où m'avez-vous jeté?
CLITIDAS.
Serviteur, seigneur Sostrate.
SOSTRATE.
Où vas-tu, Clitidas?
CLITIDAS.
Mais, vous, plutôt, que faites-vous ici? et quelle

secrète mélancolie, quelle humeur sombre, s'il vous plaît, vous peut retenir dans ce bois, tandis que tout le monde a couru en foule à la magnificence de la fête dont l'amour du prince Iphicrate vient de régaler sur la mer la promenade des princesses, tandis qu'elles y ont reçu des cadeaux merveilleux de musique et de danse, et qu'on a vu les rochers et les ondes se parer de divinités pour faire honneur à leurs attraits?

SOSTRATE.

Je me figure assez, sans la voir, cette magnificence; et tant de gens d'ordinaire s'empressent à porter de la confusion dans ces sortes de fêtes, que j'ai cru à propos de ne pas augmenter le nombre des importuns.

CLITIDAS.

Vous savez que votre présence ne gâte jamais rien, et que vous n'êtes point de trop en quelque lieu que vous soyez. Votre visage est bien venu partout, et il n'a garde d'être de ces visages disgraciés qui ne sont jamais bien reçus des regards souverains. Vous êtes également bien auprès des deux princesses; et la mère et la fille vous font assez connaître l'estime qu'elles font de vous, pour n'appréhender pas de fatiguer leurs yeux; et ce n'est pas cette crainte enfin qui vous a retenu.

SOSTRATE.

J'avoue que je n'ai pas naturellement grande curiosité pour ces sortes de choses.

CLITIDAS.

Mon dieu! quand on n'aurait nulle curiosité pour les choses, on en a toujours pour aller où l'on trouve tout le monde; et, quoi que vous puissiez dire, on ne demeure point tout seul, pendant une fête à rêver parmi des arbres comme vous faites, à moins d'avoir en tête quelque chose qui embarrasse.

SOSTRATE.

Que voudrais-tu que j'y pusse avoir?

CLITIDAS.

Ouais! je sais d'où cela vient; mais il sent ici l'a-

mour. Ce n'est pas moi. Ah! par ma foi, c'est vous.
SOSTRATE.
Que tu es fou, Clitidas!
CLITIDAS.
Je ne suis point fou. Vous êtes amoureux; j'ai le nez délicat, et j'ai senti cela d'abord.
SOSTRATE.
Sur quoi prends-tu cette pensée?
CLITIDAS.
Sur quoi? vous seriez bien étonné si je vous disais encore de qui vous êtes amoureux.
SOSTRATE.
Moi?
CLITIDAS.
Oui. Je gage que je vais deviner tout à l'heure celle que vous aimez. J'ai mes secrets aussi bien que notre astrologue dont la princesse Aristione est entêtée; et s'il a la science de lire dans les astres la fortune des hommes, j'ai celle de lire dans les yeux le nom des personnes qu'on aime. Tenez-vous un peu, et ouvrez les yeux. E, par soi, é, r, i, ri, éri; p, h, i, phi; ériphi; l, e, le; Eriphile. Vous êtes amoureux de la princesse Eriphile.
SOSTRATE.
Ah! Clitidas, j'avoue que je ne puis cacher mon trouble, et tu me frappes d'un coup de foudre.
CLITIDAS.
Vous voyez si je suis savant!
SOSTRATE.
Hélas! si par quelque aventure tu n'as pu découvrir le secret de mon cœur, je te conjure au moins de ne le révéler à qui que ce soit, et surtout de le tenir caché à la belle princesse dont tu viens de me dire le nom.
CLITIDAS.
Et, sérieusement parlant, si dans vos actions j'ai bien pu connaître depuis un temps la passion que vous voulez tenir secrète, pensez-vous que la princesse Eriphile puisse avoir manqué de lumières pour s'en apercevoir? Les belles, croyez-moi, sont toujours les plus clairvoyantes à découvrir les ardeurs qu'elles

causent ; et le langage des yeux et des soupirs se fait entendre, mieux qu'à tout autre, à celles à qui il s'adresse.

SOSTRATE.

Laissons-la, Clitidas, laissons-la voir, si elle peut, dans mes soupirs et mes regards, l'amour que ses charmes m'inspirent ; mais gardons bien que par nulle autre voie elle en apprenne jamais rien.

CLITIDAS.

Et qu'appréhendez-vous ? Est-il possible que ce même Sostrate qui n'a pas craint ni Brennus ni tous les Gaulois, et dont le bras a si glorieusement contribué à nous défaire de ce déluge de barbares qui ravageraient la Grèce ; est-il possible, dis-je, qu'un homme si assuré dans la guerre, soit si timide en amour, et que je le voie trembler à dire seulement qu'il aime ?

SOSTRATE.

Ah ! Clitidas, je tremble avec raison ; et tous les Gaulois du monde ensemble sont bien moins redoutables que deux beaux yeux pleins de charmes.

CLITIDAS.

Je ne suis pas de cet avis ; et je sais bien, pour moi, qu'un seul Gaulois, l'épée à la main, me ferait beaucoup plus trembler que cinquante beaux yeux ensemble les plus charmants du monde. Mais, dites-moi un peu, qu'espérez-vous faire ?

SOSTRATE.

Mourir, sans déclarer ma passion.

CLITIDAS.

L'espérance est belle ! Allez, allez, vous vous moquez ; un peu de hardiesse réussit toujours aux amants : il n'y a en amour que les honteux qui perdent ; et je dirais ma passion à une déesse, moi, si j'en devenais amoureux.

SOSTRATE.

Trop de choses, hélas ! condamnent mes feux à un éternel silence.

CLITIDAS.

Et quoi ?

SOSTRATE.

La bassesse de ma fortune, dont il plaît au ciel de rabattre l'ambition de mon amour; le rang de la princesse, qui met entre elle et mes désirs une distance si fâcheuse; la concurrence de deux princes appuyés de tous les grands titres qui peuvent soutenir les prétentions de leurs flammes; de deux princes qui, par mille et mille magnificences, se disputent à tous moments la gloire de sa conquête, et sur l'amour de qui l'on attend tous les jours de voir son choix se déclarer; mais plus que tout, Clitidas, le respect inviolable où ses beaux yeux assujettissent toute la violence de mon ardeur.

CLITIDAS.

Le respect bien souvent n'oblige pas tant que l'amour; et je me trompe fort, ou la jeune princesse a connu votre flamme, et n'y est pas insensible.

SOSTRATE.

Ah! ne t'avise point de vouloir flatter par pitié le cœur d'un misérable.

CLITIDAS.

Ma conjecture est bien fondée. Je lui vois reculer beaucoup le choix de son époux, et je veux éclaircir un peu cette petite affaire là. Vous savez que je suis auprès d'elle en quelque espèce de faveur, que j'y ai les accès ouverts, et qu'à force de me tourmenter je me suis acquis le privilège de me mêler à la conversation et de parler à tort et à travers de toutes choses. Quelquefois cela ne me réussit pas, mais quelquefois aussi cela me réussit. Laissez-moi faire, je suis de vos amis; les gens de mérite me touchent, et je veux prendre mon temps pour entretenir la princesse de...

SOSTRATE.

Ah! de grace, quelque bonté que mon malheur t'inspire, garde-toi bien de lui rien dire de ma flamme. J'aimerais mieux mourir, que de pouvoir être accusé par elle de la moindre témérité; et ce profond respect où ses charmes divins...

CLITIDAS.

Taisons-nous, voici tout le monde.

SCÈNE II.

ARISTIONE, IPHICRATE, TIMOCLÈS, SOSTRATE, ANAXARQUE, CLÉON, CLITIDAS.

ARISTIONE, *à Iphicrate.*

Prince, je ne puis me lasser de le dire, il n'est point de spectacle au monde qui puisse le disputer en magnificence à celui que vous venez de nous donner. Cette fête a eu des ornements qui l'emportent sans doute sur tout ce que l'on saurait voir; et elle vient de produire à nos yeux quelque chose de si noble, de si grand et de si majestueux, que le ciel même ne saurait aller au delà; et je puis dire assurément qu'il n'y a rien dans l'univers qui s'y puisse égaler.

TIMOCLÈS.

Ce sont des ornements dont on ne peut pas espérer que toutes les fêtes soient embellies; et je dois fort trembler, madame, pour la simplicité du petit divertissement que je m'apprête à vous donner dans le bois de Diane.

ARISTIONE.

Je crois que nous n'y verrons rien que de fort agréable; et, certes, il faut avouer que la campagne a lieu de nous paraître belle, et que nous n'avons pas le temps de nous ennuyer dans cet agréable séjour qu'ont célébré tous les poëtes sous le nom de Tempé. Car enfin, sans parler des plaisirs de la chasse que nous y prenons à toute heure, et de la solennité des jeux Pythiens que l'on y célèbre tantôt, vous prenez soin l'un et l'autre de nous y combler de tous les divertissements qui peuvent charmer les chagrins les plus mélancoliques. D'où vient, Sostrate, qu'on ne vous a point vu dans notre promenade?

SOSTRATE.

Une petite indisposition, Madame, m'a empêché de m'y trouver.

IPHICRATE.

Sostrate est de ces gens, madame, qui croient qu'il ne sied pas bien d'être curieux comme les autres, et qu'il est beau d'affecter de ne pas courir où tout le monde court.

SOSTRATE.

Seigneur, l'affectation n'a guère de part à tout ce que je fais ; et, sans vous faire compliment, il y avait des choses à voir dans cette fête qui pouvaient m'attirer, si quelque autre motif ne m'avait retenu.

ARISTIONE.

Et Clitidas a-t-il vu cela?

CLITIDAS.

Oui, madame, mais du rivage?

ARISTIONE.

Et pourquoi du rivage!

CLITIDAS.

Ma foi, madame, j'ai craint quelqu'un des accidents qui arrivent d'ordinaire dans ces confusions. Cette nuit j'ai songé de poisson mort et d'œufs cassés ; et j'ai appris du seigneur Anaxarque que les œufs cassés et le poisson mort signifient malencontre.

ANAXARQUE.

Je remarque une chose, que Clitidas n'aurait rien à dire, s'il ne parlait de moi.

CLITIDAS.

C'est qu'il y a tant de choses à dire de vous, qu'on n'en saurait parler assez.

ANAXARQUE.

Vous pourriez prendre d'autres matières, puisque je vous en ai prié.

CLITIDAS.

Le moyen? Ne dites-vous pas que l'ascendant est plus fort que tout? et s'il est écrit dans les astres que je sois enclin à parler de vous, comment voulez-vous que je résiste à ma destinée?

ANAXARQUE.

Avec tout le respect, madame, que je vous dois, il y a une chose qui est fâcheuse dans votre cour, que tout le monde y prenne la liberté de parler, et que le plus honnête homme y soit exposé aux railleries du premier méchant plaisant.

CLITIDAS.
Je vous rends grace de l'honneur...
ARISTIONE, *à Anaxarque.*
Que vous êtes fou de vous chagriner de ce qu'il dit!
CLITIDAS.
Avec tout le respect que je dois à madame, il y a une chose qui m'étonne dans l'astrologie, que des gens qui savent tous les secrets des dieux, et qui possèdent des connaissances à se mettre au-dessus de tous les hommes, aient besoin de faire leur cour, et de demander quelque chose.
ANAXARQUE.
Vous devriez gagner un peu mieux votre argent, et donner à madame de meilleures plaisanteries.
CLITIDAS.
Ma foi, on les donne telles qu'on peut. Vous en parlez fort à votre aise; et le métier de plaisant n'est pas comme celui d'astrologue. Bien mentir et bien plaisanter, sont deux choses fort différentes; et il est bien plus facile de tromper les gens que de les faire rire.
ARISTIONE.
Hé! qu'est-ce donc que cela veut dire?
CLITIDAS, *se parlant à lui même.*
Paix, impertinent que vous êtes; ne savez-vous pas bien que l'astrologie est une affaire d'état, et qu'il ne faut point toucher à cette corde là? Je vous l'ai dit plusieurs fois, vous vous émancipez trop, et vous prenez de certaines libertés qui vous joueront un mauvais tour, je vous en avertis. Vous verrez qu'un de ces jours on vous donnera du pied au cul, et qu'on vous chassera comme un faquin. Taisez-vous, si vous êtes sage.
ARISTIONE.
Où est ma fille?
TIMOCLÈS.
Madame, elle s'est écartée; et je lui ai présenté une main qu'elle a refusé d'accepter.
ARISTIONE.
Princes, puisque l'amour que vous avez pour Ériphile a bien voulu se soumettre aux lois que j'ai voulu

vous imposer, puis que j'ai su obtenir de vous que
vous fussiez rivaux sans devenir ennemis, et qu'avec
pleine soumission aux sentiments de ma fille vous attendiez un choix dont je l'ai fait seule maîtresse, ouvrez-moi tous deux le fond de votre ame, et me dites
sincèrement quel progrès vous croyez l'un et l'autre
avoir fait sur son cœur.

TIMOCLÈS.

Madame, je ne suis point pour me flatter; j'ai fait
tout ce que j'ai pu pour toucher le cœur de la princesse Eriphile, et je m'y suis pris, que je crois, de
toutes les tendres manières dont un amant se peut
servir; je lui ai fait des hommages soumis de tous mes
vœux; j'ai montré des assiduités; j'ai rendu des soins
chaque jour; j'ai fait chanter ma passion aux voix les
plus touchantes, et l'ai fait exprimer en vers aux plumes les plus délicates; je me suis plaint de mon martyre en des termes passionnés; j'ai fait dire à mes
yeux, aussi bien qu'à ma bouche, le désespoir de mon
amour; j'ai poussé à ses pieds des soupirs languissants;
j'ai même répandu des larmes : mais tout cela inutilement; et je n'ai point connu qu'elle ait dans l'ame
aucun sentiment de mon ardeur.

ARISTIONE.

Et vous, prince?

IPHICRATE.

Pour moi, madame, connaissant son indifférence,
et le peu de cas qu'elle fait des devoirs qu'on lui rend,
je n'ai voulu perdre auprès d'elle ni plaintes, ni soupirs, ni larmes. Je sais qu'elle est toute soumise à vos
volontés, et que ce n'est que de votre main seule
qu'elle voudra prendre un époux : aussi n'est-ce qu'à
vous que je m'adresse pour l'obtenir, à vous plutôt
qu'à elle que je rends tous mes soins et tous mes hommages. Et plût au ciel, madame, que vous eussiez pu
vous résoudre à tenir sa place; que vous eussiez voulu
jouir des conquêtes que vous lui faites, et recevoir
pour vous les vœux que vous lui renvoyez!

ARISTIONE.

Prince, le compliment est d'un amant adroit, et

vous avez entendu dire qu'il fallait cajoler les mères pour obtenir les filles; mais ici, par malheur, tout cela devient inutile, et je me suis engagée à laisser le choix tout entier à l'inclination de ma fille.

IPHICRATE.

Quelque pouvoir que vous lui donniez pour ce choix, ce n'est point compliment, madame, que ce que je vous dis. Je ne recherche la princesse Ériphile que parcequ'elle est votre sang; je la trouve charmante par tout ce qu'elle tient de vous, et c'est vous que j'adore en elle.

ARISTIONE.

Voilà qui est fort bien.

IPHICRATE.

Oui, madame; toute la terre voit en vous des attraits et des charmes que je...

ARISTIONE.

De grace, prince, ôtons ces charmes et ces attraits; vous savez que ce sont des mots que je retranche des compliments qu'on me veut faire. Je souffre qu'on me loue de ma sincérite; qu'on dise que je suis une bonne princesse; que j'ai de la parole pour tout le monde, de la chaleur pour mes amis, et de l'estime pour le mérite et la vertu; je puis tâter de tout cela : mais pour les douceurs de charmes et d'attraits, je suis bien aise qu'on ne m'en serve point et quelque vérité qui s'y pût rencontrer, on doit faire quelque scrupule d'en goûter la louange, quand on est mère d'une fille comme la mienne.

IPHICRATE.

Ah! madame, c'est vous qui voulez être mère malgré tout le monde; il n'est point d'yeux qui ne s'y opposent; et, si vous le vouliez, la princesse Ériphile ne serait que votre sœur.

ARISTIONE.

Mon dieu! prince, je ne donne point dans tous ces galimatias où donnent la plupart des femmes; je veux être mère, parceque je le suis; et ce serait en vain que je ne le voudrais pas être. Ce titre n'a rien qui me choque, puisque de mon consentement je me suis exposée à le recevoir. C'est un faible de notre sexe, dont, grace au ciel, je suis exempte; et je ne m'embarrasse point de ces grandes disputes d'âge sur quoi nous voyons tant de folles. Revenons à notre discours. Est-il possible que jusqu'ici vous n'ayez pu connaître où penche l'inclination d'Eriphile?

IPHICRATE.

Ce sont obscurités pour moi.

TIMOCLÈS.

C'est pour moi un mystère impénétrable.

ARISTIONE.

La pudeur peut-être l'empêche de s'expliquer à vous et à moi. Servons-nous de quelque autre pour découvrir le secret de son cœur. Sostrate, prenez de ma part cette commission, et rendez cet office à ces princes, de savoir adroitement de ma fille vers qui des deux ses sentiments peuvent tourner.

SOSTRATE.

Madame, vous avez cent personnes dans votre cour sur qui vous pourriez mieux verser l'honneur d'un tel emploi; et je me sens mal propre à bien exécuter ce que vous souhaitez de moi.

ARISTIONE.

Votre mérite, Sostrate, n'est point borné aux seuls emplois de la guerre : vous avez de l'esprit, de la conduite, de l'adresse, et ma fille fait cas de vous.

SOSTRATE.

Quelque autre mieux que moi, madame...

ARISTIONE.

Non, non; en vain vous vous en défendez.

SOSTRATE.

Puisque vous le voulez, madame, il vous faut obéir; mais je vous jure que dans toute votre cour vous ne pouviez choisir personne qui ne fût en état de s'acquitter beaucoup mieux que moi d'une telle commission.

ARISTIONE.

C'est trop de modestie, et vous vous acquitterez toujours bien de toutes les choses dont on vous chargera. Découvrez doucement les sentiments d'Eriphile, et faites la ressouvenir qu'il se faut rendre de bonne heure dans le bois de Diane.

SCENE III.

IPHICRATE, TIMOCLÈS, SOSTRATE, CLITIDAS.

IPHICRATE, *à Sostrate.*

Vous pouvez croire que je prends part à l'estime que la princesse vous témoigne.

TIMOCLÈS, *à Sostrate.*

Vous pouvez croire que je suis ravi du choix que l'on a fait de vous.

IPHICRATE.

Vous voilà en état de servir vos amis.

TIMOCLÈS.

Vous avez de quoi rendre de bons offices aux gens qu'il vous plaira.

IPHICRATE.

Je ne vous recommande point mes intérêts.

TIMOCLÈS.

Je ne vous dis point de parler pour moi.

SOSTRATE.

Seigneurs, il serait inutile. J'aurais tort de passer les ordres de ma commission ; et vous trouverez bon que je ne parle ni pour l'un ni pour l'autre.

IPHICRATE.

Je vous laisse agir comme il vous plaira.

TIMOCLÈS.

Vous en userez comme vous voudrez.

SCENE IV.

IPHICRATE, TIMOCLES, CLITIDAS.

IPHICRATE, *bas, à Clitidas.*

Clitidas se ressouvient bien qu'il est de mes amis; je lui recommande toujours de prendre mes intérêts auprès de sa maîtresse contre ceux de mon rival.

CLITIDAS, *bas, à Iphicrate.*

Laissez-moi faire. Il y a bien de la comparaison

de lui à vous! et c'est un prince bien bâti pour vous le disputer!

IPHICRATE, *bas, à Clitidas.*

Je reconnaîtrai ce service.

SCENE V.

TIMOCLÈS, CLITIDAS.

TIMOCLÈS.

Mon rival fait sa cour à Clitidas; mais Clitidas sait bien qu'il m'a promis d'appuyer contre lui les prétentions de mon amour.

CLITIDAS.

Assurément; et il se moque de croire l'emporter sur vous. Voilà auprès de vous, un beau petit morveux de prince!

TIMOCLÈS.

Il n'y a rien que je ne fasse pour Clitidas.

CLITIDAS, *seul.*

Belles paroles de tous côtés! Voici la princesse; prenons mon temps pour l'aborder.

SCENE VI.

ÉRIPHILE, CLEONICE.

CLÉONICE.

On trouvera étrange, madame, que vous vous soyez ainsi écartée de tout le monde.

ÉRIPHILE.

Ah! qu'aux personnes comme nous, qui sommes toujours accablées de tant de gens, un peu de solitude est par fois agréable! et qu'après mille impertinents entretiens il est doux de s'entretenir avec ses pensées! Qu'on me laisse ici promener toute seule.

CLÉONICE.

Ne voudriez-vous pas, madame, voir un petit essai de la disposition de ces gens admirables qui veulent se donner à vous? Ce sont des personnes qui, par leurs pas, leurs gestes et leurs mouvements, expriment aux yeux toutes choses; et on appelle cela pantomimes. J'ai tremblé à vous dire ce mot; et il y a des gens dans votre cour qui ne me le pardonneraient pas.

ÉRIPHILE.

Vous avez bien la mine, Cléonice, de me venir ici régaler d'un mauvais divertissement : car, grace au ciel, vous ne manquez pas de vouloir produire indifféremment tout ce qui présente à vous, et vous avez une affabilité qui ne rejette rien. Aussi est-ce à vous seule qu'on voit avoir recours toutes les muses nécessitantes; vous êtes la grande protectrice du mérite incommodé; et tout ce qu'il y a de vertueux indigents au monde va débarquer chez vous.

CLÉONICE.

Si vous n'avez pas envie de les voir, madame, il ne faut que les laisser là.

ÉRIPHILE.

Non, non, voyons-les; faites-les venir.

CLÉONICE.

Mais peut-être, madame, que leur danse sera méchante.

ÉRIPHILE.

Méchante ou non, il faut la voir. Ce ne serait avec vous que reculer la chose; et il vaut mieux en être quitte.

CLÉONICE.

Ce ne sera ici, madame, qu'une danse ordinaire; une autre fois...

ÉRIPHILE.

Point de préambule, Cléonice; qu'ils dansent.

FIN DU PREMIER ACTE.

SECOND INTERMÈDE.

ENTRÉE DE BALLET.

Trois pantomimes dansent devant Eriphile.

FIN DU SECOND INTERMEDE.

ACTE II.

SCÈNE PREMIERE.
ERIPHILE, CLÉONICE.

ÉRIPHILE.
Voilà qui est admirable. Je ne crois pas qu'on puisse mieux danser qu'ils dansent, et je suis bien aise de les avoir à moi.

CLÉONICE.
Et moi, madame, je suis bien aise que vous ayez vu que je n'ai pas si méchant goût que vous avez pensé.

ÉRIPHILE.
Ne triomphez point tant ; vous ne tarderez guère à me faire avoir ma revanche. Qu'on me laisse ici.

SCENE II.
ÉRIPHILE, CLÉONICE, CLITIDAS.

CLÉONICE, *allant au devant de Clitidas.*
Je vous avertis, Clitidas, que la princesse veut être seule.

CLITIDAS.
Laissez-moi faire : je suis homme qui sais ma cour.

SCENE III.
ÉRIPHILE, CLITIDAS.

CLITIDAS, *en chantant.*
La, la, la, la. (*Faisant l'étonné en voyant Eriphile*) Ah!
ÉRIPHILE, *à Clitidas qui feint de vouloir s'éloigner.*
Clitidas.

CLITIDAS.
Je ne vous avais pas vue là, madame.

ÉRIPHILE.

Approche. D'où viens-tu?

CLITIDAS.

De laisser la princesse votre mère, qui s'en allait vers le temple d'Apollon, accompagnée de beaucoup de gens.

ÉRIPHILE.

Ne trouves-tu pas ces lieux les plus charmants du monde?

CLITIDAS.

Assurément. Les princes vos amants y étaient.

ÉRIPHILE.

Le fleuve Pénée fait ici d'agréables détours.

CLITIDAS.

Fort agréables. Sostrate y était aussi.

ÉRIPHILE.

D'où vient qu'il n'est pas venu à la promenade?

CLITIDAS.

Il a quelque chose dans la tête qui l'empêche de prendre plaisir à tous ces beaux régals. Il m'a voulu entretenir; mais vous m'avez défendu si expressément de me charger d'aucune affaire auprès de vous, que je n'ai point voulu lui prêter l'oreille; et que je lui ai dit nettement que je n'avais pas le loisir de l'entendre.

ÉRIPHILE.

Tu as eu tort de lui dire cela; et tu devais l'écouter.

CLITIDAS.

Je lui ai dit d'abord que je n'avais pas le loisir de l'entendre; mais après, je lui ai donné audience.

ÉRIPHILE.

Tu as bien fait.

CLITIDAS.

En vérité, c'est un homme qui me revient, un homme fait comme je veux que les hommes soient faits, ne prenant point de manières bruyantes et des tons de voix assommants, sage et posé en toutes choses, ne parlant jamais que bien à propos, point prompt à décider, point du tout exagérateur incommode; et, quelques beaux vers que nos poètes lui aient récités, je ne lui ai jamais ouï dire : Voilà qui est plus beau que tout ce qu'a jamais fait Homère. Enfin, c'est un homme pour qui je me sens de l'inclination; et, si j'étais princesse, il ne serait point malheureux.

ÉRIPHILE.

C'est un homme d'un grand mérite, assurément. Mais de quoi a-t-il parlé ?

CLITIDAS.

Il m'a demandé si vous aviez témoigné grande joie au magnifique régal que l'on vous a donné, m'a parlé de votre personne avec des transports les plus grands du monde, vous a mise au dessus du ciel, et vous a donné toutes les louanges qu'on peut donner à la princesse la plus accomplie de la terre, entremêlant tout cela de plusieurs soupirs qui disaient plus qu'il ne voulait. Enfin, à force de le tourner de tous côtés, et de le presser sur la cause de cette profonde mélancolie, dont toute la cour s'aperçoit, il a été contraint de m'avouer qu'il était amoureux.

ÉRIPHILE.

Comment amoureux? Quelle témérité est la sienne? C'est un extravagant que je ne verrai de ma vie.

CLITIDAS.

De quoi vous plaignez-vous, madame?

ÉRIPHILE.

Avoir l'audace de m'aimer! et, de plus, avoir l'audace de le dire!

CLITIDAS.

Ce n'est pas de vous, madame, dont il est amoureux.

ÉRIPHILE.

Ce n'est pas de moi?

CLITIDAS.

Non, madame, il vous respecte trop pour cela, et est trop sage pour y penser.

ÉRIPHILE.

Et de qui donc, Clitidas?

CLITIDAS.

D'une de vos filles, la jeune Arsinoé.

ÉRIPHILE.

A-t-elle tant d'appas, qu'il n'ait trouvé qu'elle digne de son amour?

CLITIDAS.

Il l'aime éperduement, et vous conjure d'honorer sa flamme de votre protection.

ÉRIPHILE.

Moi?

CLITIDAS.

Non, non, madame. Je vois que la chose ne vous plaît pas. Votre colère m'a obligé à prendre ce détour; et, pour vous dire la vérité, c'est vous qu'il aime éperdument.

ÉRIPHILE.

Vous êtes un insolent de venir ici surprendre mes sentiments. Allons, sortez d'ici; vous vous mêlez de vouloir lire dans les ames, de vouloir pénétrer dans les secrets du cœur d'une princesse! Otez-vous de mes yeux, et que je ne vous voie jamais. Clitidas...

CLITIDAS.

Madame?

ÉRIPHILE.

Venez ici. Je vous pardonne cette affaire là.

CLITIDAS.

Trop de bonté, madame!

ÉRIPHILE.

Mais à condition, prenez bien garde à ce que je vous dis, que vous n'en ouvrirez la bouche à personne du monde, sur peine de la vie.

CLITIDAS.

Il suffit.

ÉRIPHILE.

Sostrate t'a donc dit qu'il m'aimait?

CLITIDAS.

Non, madame. Il faut vous dire la vérité. J'ai tiré de son cœur, par surprise, un secret qu'il veut cacher à tout le monde, et avec lequel il est, dit-il, résolu de mourir. Il a été au désespoir du vol subtil que je lui en ai fait; et, bien loin de me charger de vous le découvrir, il m'a conjuré, avec toutes les instantes prières qu'on ne saurait faire, de ne vous en rien révéler ; et c'est trahison contre lui que ce que je viens de vous dire.

ÉRIPHILE.

Tant mieux ! c'est par son seul respect qu'il peut me plaire ; et, s'il était si hardi que de me déclarer son amour, il perdrait pour jamais et ma présence et mon estime.

CLITIDAS.

Ne craignez point, madame....

ÉRIPHILE.

Le voici. Souvenez-vous au moins, si vous êtes sage, de la défense que je vous ai faite.

CLITIDAS.

Cela est fait, madame. Il ne faut pas être courtisan indiscret.

SCENE IV.

ERIPHILE, SOSTRADE.

SOSTRATE.

J'ai une excuse, madame, pour oser interrompre votre solitude, et j'ai reçu de la princesse votre mère une commission qui autorise la hardiesse que je prends maintenant.

ÉRIPHILE.

Quelle commission, Sostrate ?

SOSTRATE.

Celle, madame, de tâcher d'apprendre de vous vers lequel des deux princes peut incliner votre cœur.

ÉRIPHILE.

La princesse ma mère montre un esprit judicieux dans le choix qu'elle a fait de vous pour un pareil emploi. Cette commission, Sostrate, vous a été agréable, sans doute ; et vous l'avez acceptée avec beaucoup de joie ?

SOSTRATE.

Je l'ai acceptée, madame, par la nécessité que mon devoir m'impose d'obéir ; et, si la princesse avait voulu recevoir mes excuses, elle aurait honoré quelque autre de cet emploi.

ÉRIPHILE.

Quelle cause, Sostrate, vous obligeait à le refuser?

SOSTRATE.

La crainte, madame, de m'en acquitter mal.

ÉRIPHILE.

Croyez-vous que je ne vous estime pas assez pour vous ouvrir mon cœur, et vous donner toutes les lumières que vous pourrez désirer de moi sur le sujet de ces deux princes?

SOSTRATE.

Je ne désire rien pour moi là dessus, madame, et je ne vous demande que ce que vous croirez devoir donner aux ordres qui m'amènent.

ÉRIPHILE.

Jusqu'ici je me suis défendue de m'expliquer, et la princesse ma mère a eu la bonté de souffrir que j'aie reculé toujours ce choix qui me doit engager : mais je serai bien aise de témoigner à tout le monde que je veux faire quelque chose pour l'amour de vous; et, si vous m'en pressez, je rendrai cet arrêt qu'on attend depuis si longtemps.

SOSTRATE.

C'est une chose, madame, dont vous ne serez point importunée par moi ; et je ne saurais me résoudre à presser une princesse qui sait trop ce qu'elle a à faire.

ÉRIPHILE.

Mais c'est ce que la princesse ma mère attend de vous.

SOSTRATE.

Ne lui ai-je pas dit aussi que je m'acquitterais mal de cette commission?

ÉRIPHILE.

Or ça, Sostrate, les gens comme vous ont toujours les yeux pénétrants ; et je pense qu'il ne doit y avoir guère de choses qui échappent aux vôtres. N'ont-ils pu découvrir, vos yeux, ce dont tout le monde est en peine? et ne vous ont-ils point donné quelques petites lumières du penchant de mon cœur? Vous voyez les soins qu'on me rend, l'empressement qu'on me témoigne. Quel est celui de ces deux princes que vous croyez que je regarde d'un œil plus doux?

SOSTRATE.

Les doutes que l'on forme sur ces sortes de choses ne sont réglés, d'ordinaire, que par les intérêts qu'on prend.

ÉRIPHILE.

Pour qui, Sostrate, pencheriez-vous des deux? Quel est celui, dites-moi, que vous souhaiteriez que j'épousasse?

SOSTRATE.

Ah! madame, ce ne seront pas mes souhaits, mais votre inclination qui décidera de la chose.

ÉRIPHILE.

Mais si je me conseillais à vous pour ce choix?

SOSTRATE.

Si vous vous conseilliez à moi, je serais fort embarrassé.

ÉRIPHILE.

Vous ne pourriez pas dire qui des deux vous semble plus digne de cette préférence?

SOSTRATE.

Si l'on s'en rapporte à mes yeux, il n'y aura personne qui soit digne de cet honneur. Tous les princes du monde seront trop peu de chose pour aspirer à vous; les dieux seuls y pourront prétendre; et vous ne souffrirez des hommes que l'encens et les sacrifices.

ÉRIPHILE.

Cela est obligeant, et vous êtes de mes amis. Mais je veux que vous me disiez pour qui des deux vous vous sentez plus d'inclination, quel est celui que vous mettez le plus au rang de vos amis.

SCÈNE V.

ÉRIPHILE, SOSTRATE, CHORÈBE.

CHORÈBE.

Madame, voilà la princesse qui vient vous prendre ici pour aller au bois de Diane.

SOSTRATE, *à part.*
Hélas ! petit garçon, que tu es venu à propos !

SCENE VI.

ARISTIONE, ÉRIPHILE, IPHICRATE, TIMOCLÈS, SOSTRATE, ANAXARQUE, CLITIDAS.

ARISTIONE.
On vous a demandée, ma fille, et il y a des gens que votre absence chagrine fort.

ÉRIPHILE.
Je pense, madame, qu'on m'a demandée par compliment ; et on ne s'inquiète pas tant qu'on vous dit.

ARISTIONE.
On enchaîne pour nous ici tant de divertissements les uns aux autres, que toutes nos heures sont retenues ; et nous n'avons aucun moment à perdre, si nous voulons les goûter tous. Entrons vite dans le bois, et voyons ce qui nous y attend. Ce lieu est le plus beau du monde, prenons vite nos places.

FIN DU SECOND ACTE.

TROISIÈME INTERMÈDE.

Le théâtre représente un bois consacré à Diane.

LA NYMPHE DE TEMPÉ.
Venez, grande princesse, avec tous vos appas
Venez prêter vos yeux aux innocents ébats
   Que notre désert vous présente :
N'y cherchez point l'éclat des fêtes de la cour ;
    On ne sent ici que l'amour,
  Ce n'est que l'amour qu'on y chante.

PASTORALE.

SCENE PREMIERE.
TIRCIS.
Vous chantez sous ces feuillages,
Doux rossignol plein d'amour ;
Et de vos tendres ramages
Vous réveillez tour à tour
Les échos de ces bocages :
Hélas ! petits oiseaux, hélas !
Si vous aviez mes maux, vous ne chanteriez pas.

SCENE II.
LICASTE, MENANDRE, TIRCIS.
LICASTE.
Hé quoi ! toujours languissant, sombre et triste ?
MÉNANDRE.
Hé quoi ! toujours aux pleurs abandonné ?
TIRCIS.
Toujours adorant Caliste,
Et toujours infortuné.
LICASTE.
Dompte, dompte, berger, l'ennui qui te possède.
TIRCIS.
Hé ? le moyen, hélas !
MÉNANDRE.
Fais, fais-toi quelque effort.
TIRCIS.
Hé ! le moyen, hélas ! quand le mal est trop fort ?
MÉNANDRE.
Ce mal trouvera son remède.
TIRCIS.
Je ne guérirai qu'à la mort.
LICASTE ET MÉNANDRE.
Ah ! Tircis !
TIRCIS.
Ah ! bergers !

LICASTE ET MÉNANDRE.
Prends sur toi plus d'empire.
TIRCIS.
Rien ne me peut secourir.
LICASTE ET MÉNANDRE.
C'est trop, c'est trop céder.
TIRCIS.
C'est trop, c'est trop souffrir.
LICASTE ET MÉNANDRE.
Quelle faiblesse !
TIRCIS.
Quel martyre.
LICASTE ET MÉNANDRE.
Il faut prendre courage.
TIRCIS.
Il faut plutôt mourir.

LICASTE.
Il n'est point de bergère,
Si froide et si sévère
Dont la pressante ardeur
D'un cœur qui persévère
Ne vainque la froideur.

MÉNANDRE.
Il est dans les affaires
Des amoureux mystères
Certains petits moments
Qui changent les plus fières
Et font d'heureux amants.

TIRCIS.
Je la vois, la cruelle,
Qui porte ici ses pas :
Gardons d'être vus d'elle ;
L'ingrate, hélas !
N'y viendrait pas.

SCENE III.

CALISTE, *seule*.

Ah ! que sur notre cœur
La sévère loi de l'honneur

Prend un cruel empire !
Je ne fais voir que rigueurs pour Tircis ;
Et cependant, sensible à ses cuisants soucis,
De sa langueur en secret je soupire,
Et voudrais bien soulager son martyre.
C'est à vous seuls que je le dis,
Arbres, n'allez pas le redire.
Puisque le ciel a voulu nous former
Avec un cœur qu'amour peut enflammer,
Quelle rigueur impitoyable
Contre des traits si doux nous force à nous armer ?
Et pourquoi, sans être blâmable,
Ne peut-on pas aimer
Ce que l'on trouve aimable ?
Hélas ! que vous êtes heureux,
Innocents animaux, de vivre sans contrainte,
Et de pouvoir suivre sans crainte
Les doux emportements de vos cœurs amoureux !
Hélas ! petits oiseaux, que vous êtes heureux
De ne sentir nul le contrainte,
Et de pouvoir suivre sans crainte
Les doux emportements de vos cœurs amoureux !
Mais le sommeil sur ma paupière
Verse de ses pavots l'agréable fraîcheur :
Donnons-nous à lui tout entière ;
Nous n'avons point de loi sévère
Qui défende à nos cœurs d'en goûter la douceur.
(*Elle s'endort sur un lit de gazon.*)

SCÈNE IV.

CALISTE, *endormie*; TIRCIS, LICASTE, MENANDRE.

TIRCIS.

Vers ma belle ennemie
Portons sans bruit nos pas,
Et ne réveillons pas,
Sa rigueur endormie.

TOUS TROIS.

Dormez, dormez, beaux yeux, adorables vainqueurs ;
Et goûtez le repos que vous ôtez aux cœurs.

Dormez, dormez, beaux yeux.
TIRCIS.
Silence, petits oiseaux ;
Vents, n'agitez nulle chose ;
Coulez doucement, ruisseaux :
C'est Caliste qui repose.
TOUS TROIS.
Dormez, dormez, beaux yeux, adorables vainqueurs ;
Et goûtez le repos que vous ôtez aux cœurs.
Dormez, dormez, beaux yeux.
CALISTE, *en se réveillant*, à *Tircis*.
Ah! quelle peine extrême!
Suivre partout mes pas!
TIRCIS.
Que voulez-vous qu'on suive, hélas!
Que ce qu'on aime?
CALISTE.
Berger, que voulez-vous?
TIRCIS.
Mourir, belle bergère,
Mourir à vos genoux,
Et finir ma misère.
Puisqu'en vain à vos pieds on me voit soupirer,
Il y faut expirer.
CALISTE.
Ah! Tircis, ôtez-vous; j'ai peur que dans ce jour
La pitié dans mon cœur n'introduise l'amour.
LICASTE ET MÉNANDRE, *l'un après l'autre*.
Soit amour, soit pitié,
Il sied bien d'être tendre.
C'est par trop vous défendre,
Bergère, il faut se rendre
A sa longue amitié.
Soit amour, soit pitié,
Il sied bien d'être tendre.
CALISTE, à *Tircis*.
C'est trop, c'est trop de rigueur.
J'ai maltraité votre ardeur,
Chérissant votre personne ;
Vengez-vous de mon cœur,

Tircis, je vous le donne.
TIRCIS.
O ciel! bergers! Caliste! ah! je suis hors de moi!
Si l'on meurt de plaisir, je dois perdre la vie.
LICASTE.
Digne prix de ta foi!
MÉNANDRE.
O sort digne d'envie!

SCENE V.
DEUX SATYRES, CALISTE, TIRCIS, LICASTE, MENANDRE.

PREMIER SATYRE, *à Caliste*.
Quoi! tu me fuis, ingrate; et je te vois ici
De ce berger à moi faire une préférence!
SECOND SATYRE.
Quoi! mes soins n'ont rien pu sur ton indifférence?
Et pour ce langoureux ton cœur s'est adouci?
CALISTE.
Le destin le veut ainsi;
Prenez tous deux patience.
PREMIER SATYRE.
Aux amants qu'on pousse à bout
L'amour fait verser des larmes;
Mais ce n'est pas notre goût,
Et la bouteille a des charmes
Qui nous consolent de tout.
SECOND SATYRE.
Notre amour n'a pas toujours
Tout le bonheur qu'il désire;
Mais nous avons un secours,
Et le bon vin nous fait rire,
Quand on rit de nos amours.
TOUS.
Champêtres divinités,
Faunes, Dryades, sortez
De vos paisibles retraites;
Mêlez vos pas à nos sons,
Et tracez sur les herbettes
L'image de nos chansons.

SCENE VI.
CALISTE, TIRCIS, LICASTE, MÉNANDRE, FAUNES, DRYADES.

PREMIERE ENTREE DE BALLET.
Danse des faunes et des dryades.

SCENE VII.
CLIMÈNE, PHILINTE, CALISTE, TIRCIS, LICASTE, MENANDRE, FAUNES, DRYADES.

PHILINTE.
Quand je plaisais à tes yeux,
J'étais content de ma vie,
Et ne voyais rois ni dieux.
Dont le sort me fît envie.

CLIMÈNE.
Lorsqu'à toute autre personne
Me préférait ton ardeur,
J'aurais quitté la couronne
Pour régner dessus ton cœur.

PHILINTE.
Une autre a guéri mon ame
Des feux que j'avais pour toi.

CLIMÈNE.
Une autre a vengé ma flamme
Des faiblesses de ta foi.

PHILINTE.
Chloris, qu'on vante si fort,
M'aime d'une ardeur fidèle;
Si ses yeux voulaient ma mort,
Je mourrais content pour elle.

CLIMÈNE.
Myrtil, si digne d'envie,
Me chérit plus que le jour;
Et moi je perdrais la vie
Pour lui montrer mon amour.

PHILINTE.
Mais si d'une douce ardeur
Quelque renaissante trace.
Chassait Chloris de mon cœur
Pour te remettre en sa place?

CLIMÈNE.
Bien qu'avec pleine tendresse
Myrtil me puisse chérir,
Avec toi, je le confesse,
Je voudrais vivre et mourir.
TOUS DEUX ENSEMBLE.
Ah! plus que jamais aimons-nous,
Et vivons et mourons en des liens si doux.
TOUS LES PERSONNAGES DE LA PASTORALE.
Amants, que vos querelles
Sont aimables et belles!
Qu'on y voit succéder
De plaisir, de tendresse!
Querellez-vous sans cesse
Pour vous raccommoder.
Amants, que vos querelles
Sont aimables et belles! etc.

DEUXIEME ENTREE DE BALLET.

Les faunes et les dryades recommencent leur danse, tandis que trois petites dryades et trois petits faunes font paraître dans l'enfoncement du théâtre tout ce qui se passe sur le devant. Ces danses sont entremêlées des chansons des bergers.

CHOEUR DE BERGERS ET DE BERGÈRES.
Jouissons, jouissons des plaisirs innocents
Dont les feux de l'amour savent charmer nos sens.
Des grandeurs qui voudra se soucie :
Tous ces honneurs dont on a tant d'envie
Ont des chagrins qui sont trop cuisants.
Jouissons, jouissons des plaisirs innocents
Dont les feux de l'amour savent charmer nos sens.
En aimant, tout nous plaît dans la vie ;
Deux cœurs unis de leur sort sont contents :
Cette ardeur, de plaisirs suivie,
De tous nos jours fait d'éternels printemps.
Jouissons, jouissons des plaisirs innocents
Dont les feux de l'amour savent charmer nos sens.

FIN DU TROISIÈME INTERMEDE.

ACTE III.

SCÈNE PREMIERE.

ARISTIONE, IPHICRATE, TIMOCLÈS, ANAXARQUE, ERIPHILE, SOSTRATE, CLITIDAS.

ARISTIONE.

Les mêmes paroles toujours se présentent à dire; il faut toujours s'écrier : Voilà qui est admirable! il ne se peut rien de plus beau! cela passe tout ce qu'on a jamais vu !

TIMOCLÈS.

C'est donner de trop grandes paroles, madame, à de petites bagatelles.

ARISTIONE.

Des bagatelles comme celles-là peuvent occuper agréablement les plus sérieuses personnes. En vérité, ma fille, vous êtes bien obligée à ces princes, et vous ne sauriez assez reconnaître tous les soins qu'ils prennent pour vous.

ÉRIPHILE.

J'en ai, madame, tout le ressentiment qu'il est possible.

ARISTIONE.

Cependant vous les faites longtemps languir sur ce qu'ils attendent de vous. J'ai promis de ne vous point contraindre; mais leur amour vous presse de vous déclarer, et de ne plus traîner en longueur la récompense de leurs services. J'ai chargé Sostrate d'apprendre doucement de vous les sentiments de votre cœur; et je ne sais pas s'il a commencé à s'acquitter de cette commission.

ÉRIPHILE.

Oui, madame; mais il me semble que je ne puis

assez reculer ce choix dont on me presse, et que je ne saurais le faire sans mériter quelque blâme. Je me sens également obligée à l'amour, aux empressements aux services de ces deux princes; et je trouve une espèce d'injustice bien grande à me montrer ingrate, ou vers l'un, ou vers l'autre, par le refus qu'il m'en faudra faire dans la préférence de son rival.

IPHICRATE.

Cela s'appelle, madame, un fort honnête compliment pour nous refuser tous deux.

ARISTIONE.

Ce scrupule, ma fille, ne doit point vous inquiéter, et ces princes, tous deux, se sont soumis il y a longtemps à la préférence que pourra faire votre inclination.

ÉRIPHILE.

L'inclination, madame, est fort sujette à se tromper; et des yeux désintéressés sont beaucoup plus capables de faire un juste choix.

ARISTIONE.

Vous savez que je suis engagée de parole à ne rien prononcer là dessus; et, parmi ces deux princes, votre inclination ne peut point se tromper et faire un choix qui soit mauvais.

ÉRIPHILE.

Pour ne point violenter votre parole ni mon scrupule, agréez, madame, un moyen que j'ose proposer.

ARISTIONE.

Quoi, ma fille?

ÉRIPHILE.

Que Sostrate décide de cette préférence. Vous l'avez pris pour découvrir le secret de mon cœur, souffrez que je le prenne pour me tirer de l'embarras où je me trouve.

ARISTIONE.

J'estime tant Sostrate, que, soit que vous vouliez vous servir de lui pour expliquer vos sentiments, ou soit que vous vous en remettiez absolument à sa conduite; je fais, dis-je, tant d'estime de sa vertu et de son jugement, que je consens de tout mon cœur à la proposition que vous me faites.

IPHICRATE.

C'est à dire, madame, qu'il nous faut faire notre cour à Sostrate!

SOSTRATE.

Non, seigneur, vous n'aurez point de cour à me faire; et, avec tout le respect que je dois aux princesses, je renonce à la gloire où elles veulent m'élever.

ARISTIONE.

D'où vient cela, Sostrate?

SOSTRATE.

J'ai des raisons, madame, qui ne me permettent pas que je reçoive l'honneur que vous me présentez.

IPHICRATE.

Craignez-vous, Sostrate, de vous faire un ennemi?

SOSTRATE.

Je craindrais peu, seigneur, les ennemis que je pourrais me faire en obéissant à mes souveraines.

TIMOCLÈS.

Par quelle raison donc refusez-vous d'accepter le pouvoir qu'on vous donne, et vous acquérir l'amitié d'un prince qui vous devrait tout son bonheur?

SOSTRATE.

Par la raison que je ne suis pas en état d'accorder à ce prince ce qu'il souhaiterait de moi.

IPHICRATE.

Quelle pourrait être cette raison?

SOSTRATE.

Pourquoi me tant presser là-dessus? Peut-être ai-je, seigneur, quelque intérêt secret qui s'oppose aux prétentions de votre amour. Peut-être ai-je un ami qui brûle sans oser le dire, d'une flamme respectueuse pour les charmes divins dont vous êtes épris. Peut-être cet ami me fait-il tous les jours confidence de son martyre, qu'il se plaint à moi tous les jours des rigueurs de sa destinée, et regarde l'hymen de la princesse ainsi que l'arrêt redoutable qui le doit pousser au tombeau; et, si cela était, seigneur, serait-il raisonnable que ce fût de ma main qu'il reçut le coup de sa mort ?

IPHICRATE.

Vous auriez bien la mine, Sostrate, d'être vous-même cet ami dont vous prenez les intérêts.

SOSTRATE.

Ne cherchez point, de grace, à me rendre odieux aux personnes qui vous écoutent. Je sais me connaître, seigneur; et les malheureux comme moi n'ignorent pas jusques où leur fortune leur permet d'aspirer.

ARISTIONE.

Laissons cela ; nous trouverons moyen de terminer l'irrésolution de ma fille.

ANAXARQUE.

En est-il un meilleur, madame, pour terminer les choses au contentement de tout le monde, que les lumières que le ciel peut donner sur ce mariage? J'ai commencé comme je vous ai dit, à jeter pour cela les figures mystérieuses que notre art nous enseigne; et j'espère vous faire voir tantôt ce que l'avenir garde à cette union souhaitée. Après cela, pourra-t-on balancer encore ? La gloire et les prospérités que le ciel promettra ou à l'un ou à l'autre choix, ne seront-elles pas suffisantes pour le déterminer; et celui qui sera exclus pourra-t-il s'offenser, quand ce sera le ciel qui décidera cette préférence?

IPHICRATE.

Pour moi, je m'y soumets entièrement, et je déclare que cette voix me semble la plus raisonnable.

TIMOCLÈS.

Je suis de même avis; et le ciel ne saurait rien faire où je ne souscrive sans répugnance.

ÉRIPHILE.

Mais, seigneur Anaxarque, voyez-vous si clair dans les destinées, que vous ne vous trompiez jamais? et ces prospérités et cette gloire que vous dites que le ciel nous promet, qui en sera caution, je vous prie?

ARISTIONE.

Ma fille, vous avez une petite incrédulité qui ne vous quitte point.

ANAXARQUE.

Les épreuves, madame, que tout le monde a vues de l'infaillibilité de mes prédictions sont les cautions suffisantes des promesses que je puis faire. Mais enfin quand je vous aurai fait voir ce que le ciel vous marque, vous vous réglerez là-dessus à votre fantaisie; et ce sera à vous à prendre la fortune de l'un ou de l'autre choix.

ÉRIPHILE.

Le ciel, Anaxarque, me marquera les deux fortunes qui m'attendent ?

ANAXARQUE.

Oui, madame, les félicités qui vous suivront, si vous épousez l'un ; et les disgraces qui vous accompagneront si vous épousez l'autre.

ÉRIPHILE.

Mais, comme il est impossible que je les épouse tous deux, il faut donc qu'on trouve écrit dans le ciel, non seulement ce qui doit arriver, mais aussi ce qui ne doit pas arriver.

CLITIDAS[1], *à part.*

Voilà mon astrologue embarrassé.

ANAXARQUE.

Il faudrait vous faire, madame, une longue discussion des principes de l'astrologie, pour vous faire comprendre cela.

CLITIDAS.

Bien répondu. Madame, je ne dis point de mal de l'astrologie : l'astrologie est une belle chose, et le seigneur Anaxarque est un grand homme.

IPHICRATE.

La vérité de l'astrologie est une chose incontestable; et il n'y a personne qui puisse disputer contre la certitude de ses prédictions.

CLITIDAS.

Assurément.

ACTE III, SCÈNE I.

TIMOCLÈS.

Je suis assez incrédule pour quantité de choses; mais pour ce qui est de l'astrologie, il n'y a rien de plus sûr et de plus constant que le succès des horoscopes qu'elle tire.

CLITIDAS.

Ce sont des choses les plus claires du monde.

IPHICRATE.

Ces aventures prédites arrivent tous les jours, qui convainquent les plus opiniâtres.

CLITIDAS.

Il est vrai.

TIMOCLÈS.

Peut-on contester sur cette matière les incidents célèbres dont les historiens nous font foi ?

CLITIDAS.

Il faut n'avoir pas le sens commun. Le moyen de contester ce qui est moulé ?

ARISTIONE.

Sostrate n'en dit mot. Quel est son sentiment là-dessus ?

SOSTRATE.

Madame, tous les esprits ne sont pas nés avec les qualités qu'il faut pour la délicatesse de ces belles sciences qu'on nomme curieuses ; et il y en a de si matériels, qu'ils ne peuvent aucunement comprendre ce que d'autres conçoivent le plus facilement du monde. Il n'est rien de plus agréable, madame, que toutes les grandes promesses de ces connaissances sublimes. Transformer tout en or, faire vivre éternellement, guérir par des paroles, se faire aimer de qui l'on veut, savoir tous les secrets de l'avenir, faire descendre comme on veut du ciel sur des métaux des impressions du bonheur, commander aux démons, se faire des armées invisibles et des soldats invulnérables ; tout cela est charmant sans doute ; et il y a des gens qui n'ont aucune peine à en comprendre la possibilité, cela leur est le plus aisé du monde à concevoir. Mais pour moi je vous avoue que mon esprit grossier a quelque peine à le comprendre et à le croire;

et j'ai trouvé cela trop beau pour être véritabl[e]
Toutes ces belles raisons de sympathie, de force m[a]gnétique, et de vertu occulte, sont si subtiles et dé[li]cates, qu'elles échappent à mon sens matériel ; et, sa[ns]
parler du reste, jamais il n'a été en ma puissance [de]
concevoir comme on trouve écrit dans le ciel j[us]qu'aux plus petites particularités de la fortune d[u]
moindre homme. Quel rapport, quel commerce, que[lle]
correspondance peut-il y avoir entre nous et des glo[bes]
les éloignés de notre terre d'une distance si effroy[a]ble ? et d'où cette belle science, enfin, peut-elle êt[re]
venue aux hommes ? Quel dieu l'a révélé ? quelle ex[...]
périence l'a pu former de l'observation de ce gran[d]
nombre d'astres qu'on n'a pu voir encore deux foi[s]
dans la même disposition ?

ANAXARQUE.

Il ne sera pas difficile de vous le faire concevoir.

SOSTRATE.

Vous serez plus habile que tous les autres.

CLITIDAS, à *Sostrate*.

Il vous fera une discussion de tout cela, quand vou[s]
voudrez.

IPHICRATE, à *Sostrate*.

Si vous ne comprenez pas les choses, au moins [...]
pouvez-vous croire sur ce que l'on voit tous les jours[.]

SOSTRATE.

Comme mon sens est si grossier, qu'il n'a pu rie[n]
comprendre, mes yeux aussi sont si malheureux qu'[ils]
n'ont jamais rien vu.

IPHICRATE.

Pour moi, j'ai vu, et des choses tout à fait co[n]vaincantes.

TIMOCLÈS.

Et moi aussi.

SOSTRATE.

Comme vous avez vu, vous faites bien de croir[e]
et il faut que vos yeux soient faits autrement que l[es]
miens.

IPHICRATE.

Mais enfin la princesse croit à l'astrologie ; et il m[e]

semble qu'on y peut bien croire après elle. Est-ce que madame, Sostrate, n'a pas de l'esprit et du sens?

SOSTRATE.

Seigneur, la question est un peu violente. L'esprit de la princesse n'est pas une règle pour le mien; et son intelligence peut l'élever à des lumières où mon sens ne peut atteindre.

ARISTIONE.

Non, Sostrate, je ne vous dirai rien sur quantité de choses auxquelles je ne donne guère plus de créance que vous; mais, pour l'astrologie, on m'a dit et fait voir des choses si positives, que je ne la puis mettre en doute.

SOSTRATE.

Madame, je n'ai rien à répondre à cela.

ARISTIONE.

Quittons ce discours, et qu'on nous laisse un moment. Dressons notre promenade, ma fille, vers cette belle grotte où j'ai promis d'aller. Des galanteries à chaque pas!

FIN DU TROISIÈME ACTE.

QUATRIÈME INTERMÈDE.

Le théâtre représente une grotte.

ENTRÉE DE BALLET.

Huit statues, portant chacun deux flambeaux, font une danse variée de plusieurs figures et de plusieurs attitudes, où elles demeurent par intervalles.

FIN DU QUATRIEME INTERMEDE.

ACTE IV.

SCENE PREMIÈRE.

ARISTIONE, ÉRIPHILE.

ARISTIONE.

De qui que cela soit, on ne peut rien de plus galant et de mieux entendu. Ma fille, j'ai voulu me séparer de tout le monde pour vous entretenir ; et je veux que vous ne me cachiez rien de la vérité. N'auriez-vous point dans l'ame quelque inclination secrète que vous ne voulez pas me dire?

ÉRIPHILE.

Moi, madame?

ARISTIONE.

Parlez à cœur ouvert, ma fille. Ce que j'ai fait pour vous, mérite bien que vous usiez avec moi de franchise. Tourner vers vous toutes mes pensées, vous préférer à toutes choses, et fermer l'oreille, en l'état où je suis, à toutes les propositions que cent princesses, en ma place, écouteraient avec bienséance ; tout cela vous doit assez persuader que je suis une bonne mère, et que je ne suis pas pour recevoir avec sévérité les ouvertures que vous pourriez me faire de votre cœur.

ÉRIPHILE.

Si j'avais si mal suivi votre exemple, que de m'être laissé aller à quelques sentiments d'inclination que j'eusse raison de cacher, j'aurais, madame, assez de pouvoir sur moi-même pour imposer silence à cette passion, et me mettre en état de ne rien faire voir qui fût indigne de votre sang.

ARISTIONE.

Non, non, ma fille; vous pouvez sans scrupule m'ouvrir vos sentiments. Je n'ai point renfermé votre inclination dans le choix de deux princes, vous pouvez l'étendre où vous voudrez: et le mérite, auprès de moi, tient un rang si considérable, que je l'égale à tout; et, si vous m'avouez franchement les choses, vous me verrez souscrire sans répugnance au choix qu'aura fait votre cœur.

ÉRIPHILE.

Vous avez des bontés pour moi, madame, dont je ne puis assez me louer: mais je ne les mettrai point à l'épreuve sur le sujet dont vous me parlez; et tout ce que je leur demande, c'est de ne point presser un mariage où je ne me sens pas encore bien résolue.

ARISTIONE.

Jusqu'ici je vous ai laissée assez maîtresse de tout; et l'impatience des princes vos amants... Mais quel bruit est-ce que j'entends? Ah! ma fille, quel spectacle s'offre à nos yeux? Quelque divinité descend ici, et c'est la déesse Vénus qui semble nous vouloir parler.

SCENE II.

VÉNUS, *accompagnée de quatre petits Amours dans une machine*, ARISTIONE, ÉRIPHILE.

VÉNUS, *à Aristione.*

Princesse, dans tes soins brille un zèle exemplaire
Qui, par les Immortels, doit être couronné
Et, pour te voir un gendre illustre et fortuné,
Leur main te veut marquer le choix que tu dois faire.
    Ils t'annoncent tous, par ma voix,
La gloire et les grandeurs que, par ce digne choix,
Ils feront pour jamais entrer dans ta famille.
De tes difficultés termine donc le cours,
    Et pense à donner ta fille
    A qui sauvera tes jours.

SCENE III.
ARISTIONE, ÉRIPHILE.

ARISTIONE.

Ma fille, les dieux imposent silence à tous nos

raisonnements. Après cela nous n'avons plus rien faire qu'à recevoir ce qu'ils s'apprêtent à nous do ner; et vous venez d'entendre distinctement le volonté. Allons dans le premier temple les assur de notre obéissance, et leur rendre grace de leu bontés.

SCENE IV.
ANAXARQUE, CLÉON.

CLÉON.
Voilà la princesse qui s'en va; ne voulez-vous lui parler?

ANAXARQUE.
Attendons que sa fille soit séparée d'elle. C'est esprit que je redoute, il n'est pas de trempe à se lai ser mener ainsi que celui de sa mère. Enfin, mon fils comme nous venons de voir par cette ouverture, le stratagème a réussi. Notre Vénus a fait des merveilles et l'admirable ingénieur qui s'est employé à cet arti fice a si bien disposé tout, a coupé avec tant d'adress le plancher de cette grotte, si bien caché ses fils de fer et tous ses ressorts, si bien ajusté ses lumières e habillé ses personnages, qu'il y a peu de gens qui n' eussent été trompés; et, comme la princesse Aristion est fort superstitieuse, il ne faut point douter qu'elle ne donne à pleine tête dans cette tromperie. Il y a longtemps, mon fils, que je prépare cette machine; et me voilà tantôt au but de mes prétentions.

CLÉON.
Mais pour lequel des deux princes, au moins, traite vous tout cet artifice?

ANAXARQUE.
Tous deux ont recherché mon assistance, et je leur promets à tous deux la faveur de mon art. Mai les présens du prince Iphicrate, et les promesses qu' m'a faites, l'emportent de beaucoup sur tout ce qu pu faire l'autre. Ainsi ce sera lui qui recevra les effe favorables de tous les ressorts que je fais jouer et, comme son ambition me devra toute chose, voilà mon fils, notre fortune est faite. Je vais prendre mo

temps pour affermir dans son erreur l'esprit de la princesse, pour la mieux prévenir encore par le rapport que je lui ferai adroitement des paroles de Vénus avec les prédictions des figures célestes que je lui dis que j'ai jetées. Va-t'en tenir la main au reste de l'ouvrage, préparer nos six hommes à se bien cacher dans leur barque derrière le rocher, à posément attendre le temps que la princesse Aristione vient tous les soirs se promener seule sur le rivage, à se jeter bien à propos sur elle, ainsi que des corsaires, et donner lieu au prince Iphicrate de lui apporter ce secours, qui, sur les paroles du ciel, doit mettre entre ses mains la princesse Ériphile. Ce prince est averti par moi ; et, sur la foi de ma prédiction, il doit se tenir dans ce petit bois qui borde le rivage. Mais sortons de cette grotte, je te dirai en marchant toutes les choses qu'il faut bien observer. Voilà la princesse Ériphile, évitons sa rencontre.

SCENE V.

ÉRIPHILE, seule.

Hélas! quelle est ma destinée! et qu'ai-je fait aux dieux pour mériter les soins qu'ils veulent prendre de moi?

SCENE VI.

ÉRIPHILE, CLÉONICE.

CLÉONICE.

Le voici, madame, que j'ai trouvé; et, à vos premiers ordres, il n'a pas manqué de me suivre.

ÉRIPHILE.

Qu'il approche, Cléonice ; et qu'on nous laisse seuls un moment.

SCENE VII.

ÉRIPHILE, SOSTRATE.

ÉRIPHILE.

Sostrate, vous m'aimez?

SOSTRATE.

Moi, madame?

ÉRIPHILE.

Laissons cela, Sostrate; je le sais, je l'approuve et vous permets de me le dire. Votre passion a paru à mes yeux accompagnée de tout le mérite qui me la pouvait rendre agréable. Si ce n'était le rang où le ciel m'a fait naître, je puis vous dire que cette passion n'aurait pas été malheureuse, et que cent fois je lui ai souhaité l'appui d'une fortune qui pût mettre pour elle en pleine liberté les secrets sentiments de mon ame. Ce n'est pas, Sostrate, que le mérite seul n'ait à mes yeux tout le prix qu'il doit avoir, et que, dans mon cœur, je ne préfère les vertus qui sont en vous à tous les titres magnifiques dont les autres sont revêtus. Ce n'est pas même que la princesse ma mère ne m'ait assez laissé la disposition de mes vœux; je ne doute point, je vous l'avoue, que mes prières n'eussent pu tourner son consentement du côté que j'aurais voulu: mais il est des états, Sostrate, où il n'est pas honnête de vouloir tout ce qu'on peut faire. Il y a des chagrins à se mettre au dessus de toutes choses; et les bruits fâcheux de la renommée vous font trop acheter le plaisir qu'on trouve à contenter son inclination. C'est à quoi, Sostrate, je ne me serais jamais résolue; et j'ai cru faire assez de fuir l'engagement dont j'étais sollicitée. Mais enfin, les dieux veulent prendre eux mêmes le soin de me donner un époux; et tous ces longs délais avec lesquels j'ai reculé mon mariage, et que les bontés de la princesse ma mère ont accordés à mes désirs, ces délais, dis-je, ne me sont plus permis, et il me faut résoudre à subir cet arrêt du ciel. Soyez sûr, Sostrate, que c'est avec toutes les répugnances du monde que je m'abandonne à cet hyménée, et que, si j'avais pu être maîtresse de moi, où j'aurais été à vous, ou je n'aurais été à personne. Voilà, Sostrate, ce que j'avais à vous dire; voila ce que j'ai cru devoir à votre mérite, et la consolation que toute ma tendresse peut donner à votre flamme.

ACTE IV, SCENE VII.

SOSTRATE.

Ah! madame, c'en est trop pour un malheureux! Je ne m'étais pas préparé à mourir avec tant de gloire; et je cesse dans ce moment de me plaindre des destinées. Si elles m'ont fait naître dans un rang beaucoup moins élevé que mes désirs, elles m'ont fait naître assez heureux pour attirer quelque pitié du cœur d'une grande princesse; et cette pitié glorieuse vaut des sceptres et des couronnes, vaut la fortune des plus grands princes de la terre. Oui, madame, dès que j'ai osé vous aimer (c'est vous, madame, qui voulez bien que je me serve de ce mot téméraire), dès que j'ai, dis-je, osé vous aimer, j'ai condamné d'abord l'orgueil de mes désirs; je me suis fait moi-même la destinée que je devais attendre. Le coup de mon trépas, madame, n'aura rien qui me surprenne, puisque je m'y étais préparé; mais vos bontés le comblent d'un honneur que mon amour jamais n'eût osé espérer; et je m'en vais mourir après cela le plus content et le plus glorieux de tous les hommes. Si je puis encore souhaiter quelque chose, ce sont deux graces, madame, que je prends la hardiesse de vous demander à genoux; de vouloir souffrir ma présence jusqu'à cet heureux hyménée qui doit mettre fin à ma vie; et, parmi cette grande gloire et ces longues prospérités que le ciel promet à votre union, de vous souvenir quelquefois de l'amoureux Sostrate. Puis-je, divine princesse, me promettre de vous cette précieuse faveur?

ÉRIPHILE.

Allez, Sostrate, sortez d'ici. Ce n'est pas aimer mon repos que de me demander que je me souvienne de vous.

SOSTRATE.

Ah! madame, si votre repos...

ÉRIPHILE.

Ôtez-vous, vous dis-je, Sostrate; épargnez ma faiblesse, et ne m'exposez point à plus que je n'ai résolu.

SCÈNE VIII.

ÉRIPHILE, CLÉONICE.

CLÉONICE.
Madame, je vous vois l'esprit tout chagrin ; vous plaît-il que vos danseurs qui expriment si bien toutes les passions, vous donnent maintenant quelque épreuve de leur adresse?

ÉRIPHILE.
Oui, Cléonice. Qu'ils fassent tout ce qu'ils voudront, pourvu qu'elles me laissent à mes pensées.

FIN DU QUATRIÈME ACTE.

CINQUIEME INTERMEDE.

Quatre pantomimes pour épreuve de leur adresse ajustent leurs gestes et leurs pas aux inquiétudes de la jeune princesse Eriphile.

FIN DU CINQUIEME INTERMEDE.

ACTE V.

SCENE PREMIERE.

ÉRIPHILE, CLITIDAS.

CLITIDAS, *faisant semblant de ne point voir Ériphile.*
De quel côté porter mes pas? où m'aviserai-je d'aller? en quel lieu puis-je croire que je trouverai maintenant la princesse Eriphile? Ce n'est pas un petit avantage que d'être le premier à porter une nouvelle. Ah! la voilà! madame, je vous annonce que le ciel vient de vous donner l'époux qu'il vous destinait.

ÉRIPHILE.
Hé! laisse-moi, Clitidas, dans ma sombre mélancolie.

CLITIDAS.
Madame, je vous demande pardon; je pensais faire bien de vous venir dire que le ciel vient de vous donner Sostrate pour époux; mais puisque cela vous incommode, je rengaîne ma nouvelle et m'en retourne droit comme je suis venu.

ÉRIPHILE.
Clitidas! holà, Clitidas!

CLITIDAS.
Je vous laisse, madame, dans votre sombre mélancolie.

ÉRIPHILE.
Arrête, te dis-je; approche. Que viens-tu me dire?

CLITIDAS.
Rien, madame. On a parfois des empressements de venir dire aux grands de certaines choses dont ils ne se soucient pas; et je vous prie de m'excuser.

ÉRIPHILE.
Que tu es cruel!

CLITIDAS.
Une autre fois j'aurai la discrétion de ne vous pa venir interrompre.
ÉRIPHILE.
Ne me tiens point dans l'inquiétude. Qu'est-ce qu tu viens m'annoncer?
CLITIDAS.
C'est une bagatelle de Sostrate, madame, que je vous dirai une autre fois, quand vous ne serez point embarrassée.
ÉRIPHILE.
Ne me fais pas languir davantage, te dis-je, et m'apprends cette nouvelle.
CLITIDAS.
Vous la voulez savoir, madame?
ÉRIPHILE.
Oui, dépêche. Qu'as-tu à me dire de Sostrate?
CLITIDAS.
Une aventure merveilleuse, où personne ne s'attendait.
ÉRIPHILE.
Dis-moi vite ce que c'est.
CLITIDAS.
Cela ne troublera-t-il point, madame, votre sombre mélancolie?
ÉRIPHILE.
Ah! parle promptement.
CLITIDAS.
J'ai donc à vous dire, madame, que la princesse votre mère passait presque seule dans la forêt par ces petites routes qui sont si agréables, lorsqu'un sanglier hideux (ces vilains sangliers-là font toujours du désordre, et l'on devrait les bannir des forêts bien policées); lors, dis-je, qu'un sanglier hideux, poussé, je crois, par des chasseurs, est venu traverser la route où nous étions. Je devrais vous faire peut-être, pour orner mon récit, une description étendue du sanglier dont je parle; mais vous vous en passerez, s'il vous plaît, et je me contenterai de vous dire que c'était un fort vilain animal. Il passait son chemin, et il était

bon de ne lui rien dire, de ne point chercher de noise avec lui ; mais la princesse a voulu égayer sa dextérité, et de son dard, qu'elle lui a lancé un peu mal à propos, ne lui en déplaise, lui a fait au-dessus de l'oreille une assez petite blessure. Le sanglier, mal morigéné, s'est impertinemment détourné contre nous : nous étions là deux ou trois misérables, qui avons pâli de frayeur ; chacun gagnait son arbre, et la princesse sans défense demeurait exposé à la furie de la bête, lorsque Sostrate a paru, comme si les dieux l'eussent envoyé.

ÉRIPHILE.

Hé bien, Clitidas ?

CLITIDAS.

Si mon récit vous ennuie, madame, je remettrai le reste à une autre fois.

ÉRIPHILE.

Achève promptement.

CLITIDAS.

Ma foi, c'est promptement de vrai que j'achèverai, car un peu de poltronnerie m'a empêché de voir tout le détail de ce combat ; et tout ce que je puis vous dire, c'est que retournant sur la place, nous avons vu le sanglier mort, tout vautré dans son sang, et la princesse, pleine de joie, nommant Sostrate son libérateur et l'époux digne et fortuné que les dieux lui marquaient pour vous. A ces paroles, j'ai cru que j'en avais assez entendu ; et je me suis hâté de vous en apporter avant tous, la nouvelle.

ÉRIPHILE.

Ah ! Clitidas, pouvais-tu m'en donner une qui me pût être plus agréable ?

CLITIDAS.

Voilà qu'on vient vous trouver.

SCENE II.

ARISTIONE, SOSTRATE, ÉRIPHILE, CLITIDAS.

ARISTIONE.

Je vois, ma fille, que vous savez déjà tout ce que

nous pourrions vous dire. Vous voyez que les dieux se sont expliqués bien plus tôt que nous n'eussions pensé: mon péril n'a guère tardé à nous marquer leurs volontés; et l'on connaît assez que ce sont eux qui se sont mêlés de ce choix, puisque le mérite tout seul brille dans cette préférence. Aurez-vous quelque répugnance à récompenser de votre cœur celui à qui je dois la vie? et refuserez-vous Sostrate pour époux?

ÉRIPHILE.

Et de la main des dieux et de la vôtre, madame, je ne puis rien recevoir qui ne me soit fort agréable.

SOSTRATE.

Ciel! n'est-ce point ici quelque songe tout plein de gloire dont les dieux me veulent flatter? et quelque réveil malheureux ne me replongera-t-il point dans la bassesse de ma fortune?

SCÈNE III.

ARISTIONE, ÉRIPHILE, SOSTRATE, CLÉONICE, CLITIDAS.

CLÉONICE.

Madame, je viens vous dire qu'Anaxarque a jusqu'ici abusé l'un et l'autre prince par l'espérance de ce choix qu'ils poursuivent depuis longtemps, et qu'au bruit qui s'est répandu de votre aventure, ils ont fait éclater tous deux leur ressentiment contre lui, jusques là que, de paroles en paroles, les choses se sont échauffées, et il en a reçu quelques blessures dont on ne sait pas bien ce qui arrivera. Mais les voici.

SCÈNE IV.

ARISTIONE, ÉRIPHILE, IPHICRATE, TIMOCLES, SOSTRATE, CLÉONICE, CLITIDAS.

ARISTIONE.

Princes, vous agissez tous deux avec une violence bien grande, et si Anaxarque a pu vous offenser, j'étais pour vous en faire justice moi-même.

ACTE V, SCÈNE IV.

IPHICRATE.

Et quelle justice, madame, auriez-vous pu nous faire de lui, si vous la faites si peu à notre rang dans le choix que vous embrassez?

ARISTIONE.

Ne vous êtes-vous pas soumis l'un et l'autre à ce que pourraient décider, ou les ordres du ciel, ou l'inclination de ma fille?

TIMOCLÈS.

Oui, madame, nous nous sommes soumis à ce qu'ils pourraient décider entre le prince Iphicrate et moi, mais non pas à nous voir rebuter tous deux.

ARISTIONE.

Et si chacun de vous a bien pu se résoudre à souffrir une préférence, que vous arrive-t-il à tous deux où vous ne soyez préparés? Et que peuvent importer à l'un et à l'autre les intérêts de son rival?

IPHICRATE.

Oui, madame, il importe. C'est quelque consolation de se voir préférer un homme qui vous est égal; et votre aveuglement est une chose épouvantable.

ARISTIONE.

Prince, je ne veux pas me brouiller avec une personne qui m'a fait tant de grace que de me dire des douceurs: et je vous prie, avec toute l'honnêteté qu'il m'est possible, de donner à votre chagrin un fondement plus raisonnable; de vous souvenir, s'il vous plaît, que Sostrate est revêtu d'un mérite qui s'est fait connaître à toute la Grèce, et que le rang où le ciel l'élève aujourd'hui, va remplir toute la distance qui était entre lui et vous.

IPHICRATE.

Oui, oui, madame, nous nous en souviendrons. Mais peut-être aussi vous souviendrez-vous que deux princes outragés ne sont pas deux ennemis à redouter.

TIMOCLÈS.

Peut-être, madame, qu'on ne goûtera pas long-temps la joie du mépris qu'on fait de nous.

ARISTIONE.

Je pardonne toutes ces menaces aux chagrins d'un amour qui se croit offensé ; et nous n'en verrons pas avec moins de tranquillité la fête des jeux pythiens. Allons-y de ce pas ; et couronnons par ce pompeux spectacle cette merveilleuse journée.

FIN DU CINQUIEME ACTE.

SIXIÈME INTERMÈDE.

FÊTE DES JEUX PYTHIENS.

Le théâtre représente une grande salle, en manière d'amphithéâtre, avec une grande arcade dans le fond, au dessus de laquelle est une tribune fermée d'un rideau. Dans l'éloignement paraît un autel pour le sacrifice. Six ministres du sacrifice, habillés comme s'ils étaient presque nus, portant chacun une hache sur l'épaule, entrent par le portique, au son des violons ; ils sont suivis de deux sacrificateurs et de la prêtresse.

SCÈNE PREMIÈRE.

LA PRÊTRESSE, SACRIFICATEURS, MINISTRES DU SACRIFICE, CHOEUR DE PEUPLES.

LA PRÊTRESSE.

Chantez, peuples, chantez, en mille et mille lieux,
Du dieu que nous servons les brillantes merveilles ;
Parcourez la terre et les cieux ;
Vous ne sauriez chanter rien de plus précieux,
Rien de plus doux pour les oreilles.

PREMIER SACRIFICATEUR.

A ce dieu plein de force, à ce dieu plein d'appas,
Il n'est rien qui ne résiste.

SECOND SACRIFICATEUR.

Il n'est rien ici bas
Qui par ses bienfaits ne subsiste.

LA PRETRESSE.

Toute la terre est triste.
Quand on ne le voit pas.

INTERMEDE VI, SCENE I.

CHOEUR.

Poussons à sa mémoire
Des concerts si touchants
Que, du haut de sa gloire,
Il écoute nos chants.

PREMIERE ENTREE DE BALLET.

Les six ministres du sacrifice, portant des haches font entre eux une danse, ornée de toutes les attitudes que peuvent exprimer des gens qui étudient leurs forces; après quoi ils se retirent aux deux côtés du théâtre pour faire place à six voltigeurs.

SCÈNE II.

LA PRÊTRESSE, SACRIFICATEURS, MINISTRES DU SACRIFICE, VOLTIGEURS, CHOEUR DE PEUPLES.

DEUXIEME ENTREE DE BALLET.

Six voltigeurs font paraître en cadence leur adresse sur des chevaux de bois, qui sont apportés par des esclaves.

SCÈNE III.

LA PRÊTRESSE, SACRIFICATEURS, MINISTRES DU SACRIFICE, ESCLAVES, CONDUCTEURS D'ESCLAVES, CHOEUR DE PEUPLES.

TROISIÈME ENTRÉE DE BALLET.

Quatre conducteurs d'esclaves amènent en cadence huit esclaves qui dansent pour marquer la joie qu'ils ont d'avoir recouvré la liberté.

SCENE IV.

LA PRÊTRESSE, SACRIFICATEURS, MINISTRES DU SACRIFICE, HOMMES et FEMMES armés à la grecque, CHOEUR DE PEUPLES.

QUATRIEME ENTREE DE BALLET.

Quatre hommes armés à la grecque avec des tambours, et quatre femmes armées à la grecque avec des timbres, font ensemble une manière de jeu pour les armes.

SCÈNE V.

LA PRÊTRESSE, SACRIFICATEURS, MINISTRE DU SACRIFICE, HOMMES et FEMMES *armés à la grecque*, UN HÉRAUT, TROMPETTES, UN TIMBALIER, CHOEUR DE PEUPLES.

La tribune s'ouvre. Un héraut, six trompettes et un timbalier se mêlant à tous les instruments, annoncent la venue d'Apollon.

CHOEUR.
Ouvrons tous nos yeux
A l'éclat suprême
Qui brille en ces lieux.

SCÈNE VI.

APOLLON, SUIVANTS D'APOLLON, LA PRÊTRESSE, SACRIFICATEURS, MINISTRES DU SACRIFICE, HOMMES et FEMMES *armés à la grecque*, UN HÉRAUT, TROMPETTES, UN TIMBALIER, CHOEUR DE PEUPLES.

Apollon, au bruit des trompettes et des violons, entre par le portique précédé de six jeunes gens portant des lauriers entrelacés autour d'un bâton, et un soleil d'or au dessus avec la devise royale en signe de trophée.

CHOEUR.
Quelle grace extrême !
Quel port glorieux !
Où voit-on des dieux
Qui soient faits de même ?

CINQUIEME ENTREE DE BALLET.

Les suivants d'Apollon donnent leur trophée à tenir aux ministres du sacrifice qui portent les haches, et commencent avec Apollon une danse héroïque.

SIXIEME ENTREE DE BALLET.

Les six ministres du sacrifice portant les haches et les têphées, les quatre hommes et les quatre femmes armés à la grecque, se joignent en diverses manières à la danse d'Apollon et de ses suivants, tandis que la prêtresse, le sacrificateur et le chœur des peuples y mêlent leurs chants, à diverses reprises, au son des timbales et des trompettes.

Vers pour LE ROI, représentant Apollon.

Je suis la source des clartés ;
Et les astres les plus vantés,
Dont le beau cercle m'environne,
Ne sont brillants et respectés
Que par l'éclat que je leur donne.

Du char où je me puis asseoir,
Je vois le désir de me voir
Posséder la nature entière ;
Et le monde n'a son espoir
Qu'aux seuls bienfaits de ma lumière.

Bienheureuses de toutes parts,
Et pleines d'exquises richesses,
Les terres où de mes regards
J'arrête les douces caresses?

Vers pour M. LE GRAND, suivant d'Apollon.

Bien qu'auprès du soleil tout autre éclat s'efface,
S'en éloigner pourtant n'est pas ce que l'on veut ;
Et vous voyez bien, quoi qu'il fasse,
Que l'on s'en tient toujours le plus près que l'on peut.

Pour le marquis DE VILLEROI, suivant d'Apollon.

De notre maître incomparable
Vous me voyez inséparable :
Et le zèle puissant qui m'attache à ses vœux
Le suit parmi les eaux, le suit parmi les feux.

Pour le marquis DE RASSENT, suivant d'Apollon.

Je ne serai pas vain quand je ne croirai pas
Qu'un autre, mieux que moi, suive partout ses pas.

FIN DU TOME SIXIÈME.

TABLE

DU TOME SIXIÈME.

L'Avare................Page 1
Monsieur de Pourceaugnac............ 99
Les Amants magnifiques............ 163

FIN DE LA TABLE DU SIXIÈME VOLUME.

www.ingramcontent.com/pod-product-compliance
Lightning Source LLC
Chambersburg PA
CBHW071931160426
43198CB00011B/1354